U0651748

梳理

从混乱到**有序**，人生**提效**50%

董泉◎著

C1S 湖南文艺出版社
HUNAN LITERATURE AND ART PUBLISHING HOUSE

博集天卷
CS-BOOKY

Mistakes

【误 区】

时间管理的精髓不是做加法，不是让你用更少的时间去做更多的事情，而是做减法，让你明白不该做什么，从而减少生活中的不确定性因素，减少无谓的损耗。

Organizing

【梳 理】

所谓"梳理"，就是"把事情想清楚"。
想清楚了，剩下的事就好办多了。

梳理让你面对 real world（真实世界），
面对自己在资源、能力或价值观等方面的真
实情况，让你认清现实环境和想象中的巨大
差距。也许梳理会让你焦虑，但更能让你看
清自己。

【伪命题】

　　时间管理对大多数人来说实际上是一个伪命题。越来越臃肿的列表和越来越复杂的流程只能让人们觉得自己把事情做得更好了，但实际结果没有丝毫改观，甚至变得更糟。最终，时间管理在越来越鸡汤化的过程中，变成了无为青年的安慰剂。

Pseudo-proposition

Knowledge

【 知　识 】

　　若是抱着学到知识就能赚钱的态度去学习，恐怕结果会让人失望；但若是抱着要赚钱的态度去行动，那么不管是学知识也好，攀附贵人也好，投机钻营也好，都是可能成功的手段。具体怎么办，就看各人了，这是个价值观的问题。

【逃　避】

　　为了缓解压力，人们会倾向于逃避困难的事情，转而去做那些"看起来有用"的事情，最后反而耽误了时间，加重了压力，事情变得比以前更糟了。有趣的是，这种情况往往出现在那些"有企图心和上进心"的人身上。

Escape

第二章 | **目标的绝对达成：**
分解目标才能更好地执行

第三章 关于学习和思考：

如何成为一个高段位的学习者？

第四章 | 职场时间：
如何让工作越忙越有效率？

序 言

所谓"梳理"，就是"把事情想清楚"。想清楚
了，剩下的事就好办多了。

我写东西卡壳的时候，习惯做个思维导图，把能
想到的点子都列出来，然后观察它们之间的逻辑，等
确立一个明确的观点和主线之后，再往里填充内容，
删减无关紧要的部分，最后修改完成。这篇序言以
及本书的大多数内容都是通过这种一遍又一遍的梳
理完成的。

不仅是写作，小到解决一个问题，大到人生规划，
都是在持续梳理中慢慢完成的。为了解决工作中的
难题，我们通常会召集相关的同事，关起门来把前
因后果讨论清楚，找到主要矛盾，再去考虑针对性
的解决方案。执行规划的时候，我们会不断考虑现

状和目标的差距，根据实际情况调整方法、路线……

但很多时候，我们宁可在泥泞中蹒跚前行，也不愿花点时间先把事情想清楚。在希望改变现状的时候，我们常常会说："情况太复杂了，还是等等再看吧。"或者告诉自己："计划不如变化快，不要浪费时间了，先行动起来再说。"

大部分时候，我们臆想中的自己和未来是近乎完美的，我们觉得自己可以像听说过的牛人那样，3个月完成硕士课程，21 天拥有 8 块腹肌，或是在遭到不公的时候据理力争。但事实是，我们压根没有时间和资本静下心来学习、锻炼身体，也从没坚持超过一周，第二天在公司仍旧忍气吞声。在读过很多个人管理的书籍之后，我们也常常产生能够掌控时间、生活和自己的错觉，但现实充满了让我们身不由己的事情，比如临时出差、生病或应酬。

我自己就犯过很多这样的错，走了不少弯路，到最后，我只能承认，"不愿去梳理"的本质是不愿面对自己、不愿面对现实。

如果对自己所遇到的问题都梳理一番，我们就不得不面对 Real World（真实世界），面对自己在资源、能力或价值观等方面的真实情况，不得不认清现实环境和想象中的巨大差距。"梳理"这件事让我们焦虑，但如果不梳理，我们就更难以看清自己、看清环境，会在几乎一无所知的情况下陷入不断摸索的窘境，也常常错过难得的机会，甚至走上岔路，浪费大量的时间和精力。

这会让我们的工作和生活变得一团糟，让自己愈发焦虑，最终变成恶性循环。

长痛不如短痛，为了避免进入这种恶性循环，最好的办法是尽早剖析自己，把事情想清楚。况且，面对现实其实并没有那么可怕，至少，它带给我们的好处足以抵消这个过程带来的焦虑感。只要我们能鼓起勇气，稍微花点时间对自己和遇到的问题通盘考虑，做一番梳理，就算不能完全掌控人生或事态发展的方向，至少也可以让决策过程更简单一些，执行效率更高一些，目标完成得更快一些。慢慢地，我们还会发现很多问题并不像想象中那么难解决，如果能把事情都想清楚，答案往往就在眼前。这简直是天底下最划算的买卖了。

当我们进行梳理的时候，我们会考虑许多因素，比如自身情况、所处环境以及与自己相关的人和事。不知不觉中，我们开始重新了解自己：我们知道了自己到底有几斤几两，知道了自己的边界和局限，知道了自己的价值取向，也知道了自己想要什么，要往哪个方向去。我们的视界开始变得清晰起来，开始明确知道摆在自己面前的路有几条，其中哪些是可行的，哪些是不靠谱的。可以说，通过不断的梳理，我们的选择更多样、更灵活了。在回顾的时候，也会非常清楚现在的自己和以前的自己有什么不同。

从满腔热血地开始到心灰意冷地放弃，这种事我们都经历过。许多时候，放弃的原因都是不得其门而入。如果我们能够在开始之前做个简单的梳理，也许就能找到一个相对靠谱的起点和方向。在这个基础上，边做边调整，无论是成功率还是效率都能得到提高。

　　有些人觉得过多的规划会让人生变得死板和无趣，但梳理和规划并不是同一件事。当我们开始思考和梳理的时候，会把更多因素、更多机会纳入生活中，从这个角度来看，梳理反而为生活增添了许多意想不到的惊喜，也能让我们在不经意间发现更大的世界。

　　当然，梳理并不意味着一切。没有执行，一切都是白费。而且生活是不断变化的，我们总是得审时度势，随时做好调整的准备，而无论是执行还是调整，都要求我们更频繁地思考和梳理。在这个过程中，"梳理"会形成每个人独有的思维模式，乃至成为一种习惯。

　　能够勇敢地面对自己、面对现实，对任何人来说都值得骄傲，哪怕一开始是跌跌撞撞的。

　　希望这本书能带给你一些经验、方法和勇气。

　　最后，感谢为这本书提出过宝贵意见的 Amy，也感谢为这本书付出辛勤劳动的编辑和工作人员。

Chapter *01*

第一章

时间黑洞：

时间是如何在不知不觉中消失的？

我的时间都花到哪儿去了？

毫无疑问，时间记录就是回答这个问题的，但知道了这个问题的答案是没有什么用的，就像记账没法让我们发财一样。

真正有用的是，我们可以以此为依据，来分析自己在时间利用方面的真实情况，以及在哪些地方可以改进、怎么改进。

一、时间黑洞

经常听到有朋友说，虽然有时候有了时间，但总是东摸摸西看看，结果大把的时间不知不觉就不见了，计划中的事一件也没完成。

其实我也一样，所以在这一节里，咱们就来想想办法解决这个问题。

很多时候，我们凑出了时间，制订好了计划，甚至脑子里已经浮现了完成计划之后狂欢的情景，可一旦到了要开始的时候，就突然冒出了很多事情，于是忙了半天，最后只有一件事没做：正事。

比如晚上本来计划好好读书，先是泡杯茶，又想到衣服还没洗，收拾脏衣服的时候，顺便换了床单被套，最后干脆给家里来个大扫除。好不容易坐下来，狗又叫了，去照顾它的时候，朋友发来微信，聊了几句，再看看朋友推荐的链接……等再拿起书本的时候，发现已经到了要睡觉的时候。

很多朋友都遇到过相似的情形吧，这就是典型的"时间黑洞"问题。好不容易挤出的时间被一些计划外的琐事消耗掉了，导致计划被打乱，目标几乎永远也无法完成。产生时间黑洞有很多原因，最根本的是下面这两个原因。

一个是真的不会安排事务。有些人执行力是很强的，但总是抓不到重点，他们似乎认为每件事都是很重要的，都要在当下赶快完成，最后累得半死，却对人生没啥帮助。这类朋友，可以试试对事务进行分类，找到优先级高的那些，先去完成它们，这样效率最高。

另一个就是拖延的问题。人人都有拖延症，拖延本质上是个心理问题，如果能找到自己适用的心理调适机制，就可以比较从容地应对了。拖延问题的相关书籍、资料也比较多，认为自己是拖延症的朋友，可以看看相关资料。

这两个问题，有一部分人是前者，大部分人是后者。如果能解决这两个方面的问题，就算没法完全消除时间黑洞，至少也能减少一些。

我自己也常常被时间黑洞困扰，少有时间利用率很高的时候。不过，在长期艰苦卓绝的与时间黑洞的斗争中，我多多少少也积累了一些经验，供大家参考。下面咱们先看看怎么解决合理安排事务的问题。

学会为事务划分优先级

其实，所谓时间管理，就是对事务进行管理。是否给事务划分优先级，在不同的时间管理理论里有不同的看法，也引起了不少争论。这里我们先不去理会那些争论，单是考虑时间黑洞问题的时候，优先级的划分是有一定效果的。

通常认为，已经计划好接下来要做什么事的人，已经有了优先级的概念。比如计划今晚要读书，自然是认为读书比其他事更重要。但我觉得那只是表面现象。实际上，"应该做的事"和"想要做的事"是不一样的，说到底，这是个价值观的问题。比如，工作后持续学习这件事，人人都认为是对的，所以它必然是"应该做的事"。但如果我们现在的能力已经足够应付当前的工作，自己也没有要在职场出人头地的目标，我们就是喜欢随性的生活，那它就不是我们"想要做的事"。

想要认清真正要做的事，最根本的办法当然是拷问自己的内心，寻找自己的人生观和价值观，树立目标，等等。不过这个解决方案貌似有点鸡汤，我们可以用另外一个有点技术含量的技巧来尝试解决问题，就是"四象限法"。

所谓四象限法，就是根据紧急程度和重要程度对事务进行分类，最后得到一份分类清晰的事务图谱。这不是新玩意了，很多看过时间管理相关文章的朋友应该都知道。

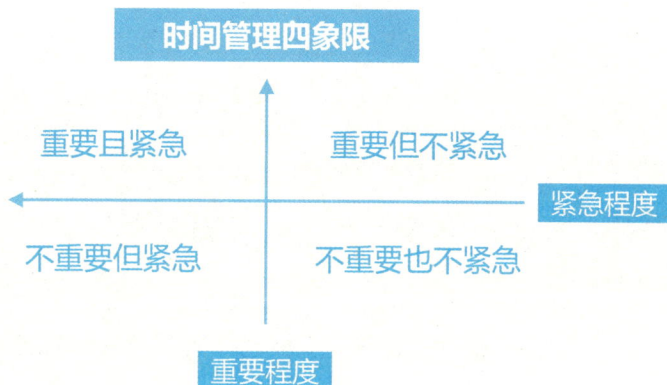

时间管理四象限

重要且紧急	重要但不紧急
不重要但紧急	不重要也不紧急

紧急程度

重要程度

　　计划实施这个方法的朋友先别急着画图，我建议按照下面的流程来做，会更有效。

　　第一周，跟以前一样，不要刻意地去改变，但是要找张纸把自己做过的事记录下来，这一步的目的有两个：一是看看自己平时做的事情都有哪些，方便回头列出清单进行分类；二是也能看看时间都是被什么事情给吞噬掉的，相信大多数朋友看到结果的时候会有些吃惊。时间消耗统计可以让列表更清晰，以后也可以根据时间消耗更合理地安排事务，所以如果能再加上个大概的时间消耗统计，就更好了。如果觉得麻烦，现在不做也没关系。

　　然后，找个时间，把这些事务列一个清单，根据事务的性质，该合并的合并（比如读书、背单词都是学习，洗衣服、打扫卫生都是家务），然后把每件事务根据分类原则放到不同的象限里去。分类要注意以下几点：

不要拿你的分类跟别人的去做比较，每个人的实际情况都不一样，同一件事的分类必然不同，比较是没有意义的。比如洗衣服这件事，对一个有洁癖的人来说，当然是"重要且紧急"的，但对像我这样邋遢的人来说，它一定在"不重要也不紧急"那个象限里。

还有，罐头会过期，人也是会变的，三观和目标的变化也会让事务在不同时期处于不同的位置，这很正常。

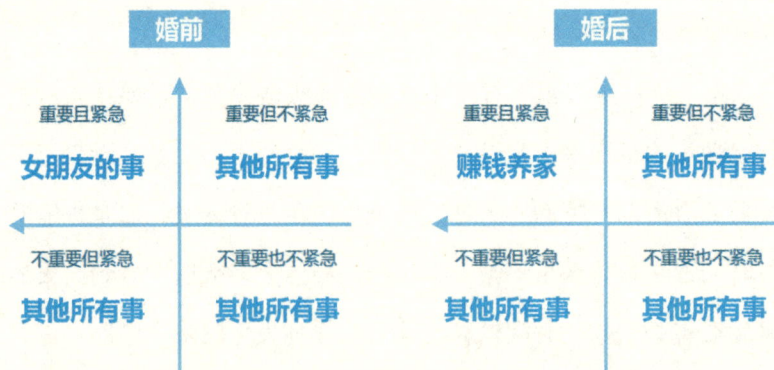

婚前		婚后	
重要且紧急	重要但不紧急	重要且紧急	重要但不紧急
女朋友的事	**其他所有事**	**赚钱养家**	**其他所有事**
不重要但紧急	不重要也不紧急	不重要但紧急	不重要也不紧急
其他所有事	**其他所有事**	**其他所有事**	**其他所有事**

最后，要忠于自己的三观以及当前的目标，否则就会出现"应该做的事"和"想要做的事"不一样的情况，起不到太大效果。

OK，现在四象限的图已经搞定了，以后就可以按照自己的原则对事务进行分类了。

分好类之后，优先开始做哪件事呢？许多人想当然地认为是那些"重要且紧急"的事务，其实"重要但不紧急"的事务才是我们应该优先考虑的。

为什么先做这个？简单说就是，这些事如果不做，慢慢就会变成"重要且紧急"的事，最后的结果就是让我们疲于奔命。限于篇幅，以后我们有机会再详细讨论，有兴趣的朋友可以找找相关的分析文章。

当前那些"重要且紧急"的事务不做吗？当然要做，不过那些事会自己挤到清单里的，它们来的时候再做就行了。担心的朋友们，请放轻松吧，很多事不做也不会死人的。大家可以认真想一想，这世界上真的有那么多非要你亲自处理的"重要且紧急"的事务吗？

所以，事务的优先级划分总结下来就是，要做某件事之前，先想想它属于哪个象限，"重要"的事务都可以处理，"不重要"的事务，无论是否紧急，都可以不用理。

正视拖延的问题

正事没干，很多时候就是因为拖延。

上面我们聊了一下如何合理地安排事务，避免被琐事影响到自己去做"真正要做的事"，现在继续聊聊造成时间黑洞的另外一个问题：拖延。

前文提到过，造成时间黑洞的原因不外乎两个：一是不会安排事务，二是拖延。许多人认为自己属于前者，但实际上，真正不会安排事务的人是不多的。大家都是成年人，都具备分辨事务孰轻孰重的能力，特别是当你按照前文的建议，做出了一个列表，最终发现仍然无法完成的时候，恐怕就会知道，真正的凶手是"拖延"。

人人都有拖延症，拖延的危害大家也都知道，我就不多说了。所以，患有拖延症的朋友们，以及按照前文的建议做了但无效的朋友们，可以参考一下下面的建议。不过，这些建议仅限于解决拖延导致的时间黑洞问题，诸如"脏衣服一定会在剩下最后一套干净衣服的时候才去洗"这类问题，我本人也没有解决，有解决办法的朋友们请教教我。

先来看看拖延的原因。

　　拖延本质上是个心理问题，简单来说，就是逃避。通常我们安排给自己要做的事情，往往是一些重要且困难的事情，这些事情会耗费我们的时间、精力、金钱等，而人的天性是趋利避害的，所以我们往往会下意识地回避这些事情。比如，对大多数人来说，学习是件难事，所以当要开始学习的时候，出于回避困难的心理，就会"突然想起"还有某某事没做。又比如，对有些人来说，构建亲密关系是件困难的事，所以需要联系某人的时候，出于心理抵触，就会一拖再拖。简而言之，很多拖延都是为了让自己逃回"心理舒适区"。但如果不做任何事，又会产生愧疚等负面情绪，为了消减这种情绪，最后大家就会选择去做那些"看起来很有用"的事情，让自己假装忙碌。

　　既然知道了原因，解决方法就很清楚了，那就是：告诉自己其实事情没那么难。当然，这种心理调适需要一定的时间和过程（有心理医生的帮助是很好的），我们不妨从下面两个做法开始尝试。

正视自己的欲望，给自己一个做事的理由

　　我发现很多时候我们会把一些事情过度美化，比如努力工作是为了实现自我价值，学习是为了窥见更广阔的世界，等等。当然，不排除有些人确实达到了这种境界，但对我等凡人来说，这些理由都是人云亦云的包装，面试的时候应付一下 HR 还行，

咱自己就别骗自己了。这种抽象的、建立在美好想象之上的目标和计划是没有推动力的，拖延也几乎是注定了的。

所以，我们完全可以正视自己的欲望，分析事务的收益，再利用自己的欲望来找到做某件事的真正理由。比如总是拖着不学英语，就可以先确定一件事：英语是工具，是为我们的目标服务的。那么，自己的最终目的是什么？是为了升职加薪，还是应付考试，或是跟朋友们嘚瑟？客观一点，反正你自己想的别人又不会知道。

知道了自己想要什么，就可以接着分析一下这件事究竟能不能帮助我们达到这个目标，衡量一下性价比如何。比如，是不是学了英语就一定能升职加薪？升职加薪有没有其他途径？不看字幕是不是真的能带给你更好的观影体验？是不是能让你在朋友圈炫耀成功？学英语对当前的你来说到底有哪些收益？拿学英语的时间去做其他事会不会有更高的收益？

这些事想明白了，结论也就有了。如果确定学英语对你达成目标很有帮助，收益很高，自然也就有动力了。

再比如，我写文章也并不是为了传播理念、帮助别人进步之类的伟大理想（如果有这个效果，那也是结果，不是动因），动因其实很世俗，也很自私，一是为了锻炼文笔，二是为了锻炼思考能力（年纪大了，脑子开始不灵光了），三是为了满足自己好为人师的心理。这些欲望既不是别人强加给我的，也不是被影响之后脑子一热产生的，这些欲望都是真的，所以即便拖，也还是会在Deadline（截止日期）之前一大早爬起来完成这篇文章。

说白了，要想不拖延，还是要找准需求。听说某些朋友为了留学的奖学金学英语，每背一个单词，就告诉自己今天又赚了多少钱——大家看，这就是一个很好的例子，自己的需求与事务的收益完美契合，这样的事务安排，当然有动力去做，当然不会拖延。

哪怕五分钟也好，先开始吧

逃避的原因之一是害怕困难，上文我们讲过了；另一个原因是害怕失败。其实仔细想想，完全没必要啊，就算失败了又怎样，就算放弃了又怎样，只要开始过，即使只是做做计划，往往也会比那些没有开始的人更有收获。无论如何，我们是不会有任何损失的。所以，我们没必要害怕失败，意识到自己想要逃避的时候，就告诉自己"先做五分钟再放弃"，效果就完全不同了。

比如跑步——天气太冷不想去？那就告诉自己"无论跑不跑，好歹把新买的装备穿上试试看吧"；等你穿戴整齐的时候就会发现，再脱下来实在太麻烦了，干脆出去跑几分钟吧；出了门就会觉得，既然出来了，干脆多遛遛吧……这样不知不觉就完成了任务。第二天再来一遍，久而久之，养成了习惯，就不用再纠结了。

俗话说万事开头难，许多事情一旦开始了，由于沉没成本的存在，人们就很难轻易放弃，而只要不放弃，就终有成功的机会。

二、时间的脚步

想知道你的时间是如何消失的吗？一起来记录时间的脚步吧。

时间记录

当我们觉察到时间黑洞对自己的影响之后，一个自然而然的问题就是：我们把时间花到哪儿去了？

时间记录就是回答这个问题的。虽然记录时间不可能帮我们完全消除时间黑洞带来的问题，但至少能让我们了解自己在时间利用方面的实际情况，从而分析问题产生的原因，为解决问题建立基础。

当然，除了这个最基本、最主要的用处之外，进行时间记录还有一些额外的好处，比如：

感受时间的流逝

"时间流逝"作为一个词，每个人都认识，也会说会用，但作为一个概念，大概只有经历过一些岁月的人才能感受到。对我们来说，"时间"和"流逝"这两个概念本身就是模糊的，所以我们才会在年纪渐长之后发出"玩着玩着就老了"的感慨。而如果能够养成记录时间的习惯，就可以对这两个概念有更直观的感受，这种感受会促使我们更加珍惜自己有限的时间。

关注时间成本

当我们决定是否要做某件事的时候，事务的成本是必须考虑的，比如金钱、精力、体力、人际关系等，不同的事务会消耗不同的成本，但总有一项是不可或缺的，那就是"时间"，且由于它的有限性，这一项往往是所有成本中最为昂贵的。而假如你有时间记录，就可以翻出来看看自己在各项事务上的投入和收益，算一算是亏是赚。

有利于回顾

许多做时间管理的朋友会选择在周末进行一周的回顾，不过我们大多数人很难在周末还能清楚地记得自己在周一做了什么，特别是那些琐碎的事情，更不会记得在那些事情上花了多久的时间。有了时间记录，这些都不是问题。而且如果你记录了工作方面的事务，工作周报和年终总结就更不用头疼了。

让未来的计划更实际

大多数人对自己执行计划的时间和耐心会有过于乐观的估计。我们制订了完美的计划，每件事务什么时候开始、什么时候完成，都有明确的时间点，但刚开始执行不久，进度就落后了。这种事情实在太常见了，通常的结果是看似完美的计划最终走向破产。如果有了明确的历史记录，我们在估算事务期限的时候，显然能更加精确。通过分析相似事务的时间开销，我们可以得出某类事务所需的时间以及时间开销的变化规律，这在制订计划的时候是宝贵的参考。

发现自己的习惯

每个人都会慢慢形成使用时间的习惯。有人喜欢早起学习，有人喜欢熬夜学习，有人上午效率高，有人下午效率高……如果能观察一段较长时间的时间记录，我们就能够发现自己在哪些时间段适合做哪些事情，这样就可以把相应的事务安排得更合理。长期来看，这种方式对整体效率的提升是有明显帮助的。

如何开始记录时间

假如你准备好了，我们就来看看如何开始吧。

明确时间记录的目的

有些朋友会抱怨很难坚持进行时间记录，在我看来，更有可能的原因并不是它有多困难，而是没有在记录前想清楚记录的目的。

在没有明确目的的情况下，通常会有两种后果：一种是事无巨细地记录，这会让我们的日常工作和生活显得非常烦琐，最后反而产生了压力；另一种是想起来的时候什么都记，想不起来就算了，这种记录本身是不严谨的，可参考的价值也就不大了。

所以，我们最好还是在开始之前考虑一下，目前的问题到底是什么？是否能通过时间记录解决，或者找到解决途径？在前面列举的诸多好处中，自己最看重哪一项？这些问题考虑清楚了，我们才知道要记什么，怎么记。这并不困难，对大多数朋友而言，在产生记录时间的想法的时候，目的不外乎下面这两三种其中的一种。

比如说，相当一部分朋友是为了消除或减少时间黑洞。这就需要我们了解自己在无谓的事务上花费了多少时间。有些朋友选择记录娱乐、吃饭或做家务的时间，看起来似乎合理，但实际上很难坚持。因为时间黑洞之所以成为时间黑洞，就是因为我们无法控制自己的行为，难以感知"时间的流逝"，我们连重要的正事都抛到脑后了，还有可能记得把开始时间和结束时间记下来吗？

所以，我的建议是，反过来记录干"正事"的时间，再用自己推断的每天可利用的时间减去已记录的时间，剩下的就是浪费的时间。比如，我们除了工作以及生存必需的活动（如吃饭、睡觉、通勤、娱乐等）之外，每天有五个小时的空闲时间，记录显示前一天读书两个小时，那么剩下的三个小时就是未被利用起来的"时间黑洞"。这种方式下，记录的可能性更高，最终的数据也更完整，更有参考价值。

再比如，有些朋友是为了找出自己的高效时段。这个时候，我们不仅要记录，还需要进行更深层一点的分析，比如结合最终效果对一些固定事务的开始和结束时间进行长期比对，看看什么时间段最适合做这类事务；比如分析一下周末和假期对自己日常行为的影响，不要勉强自己把事务放到不合适的时间做。显然，这种分析是用纸笔很难完成的，也就要求我们在选择记录工具的时候有更高的标准。

还有不少朋友，记录时间是为了完成某个特定的目标。这个目标通常是以投入时间为衡量标准的，比如监管自己在不同学科或技能上的耗时，又或者是实践 10000 小时理论。这种情况下，需求是更明确的，记录和分析的方法也更简单，我们只需要记录特定的几类事务和花费时间的总和就可以了。但需要注意的是，时间记录只是一个客观的数据列表，它只能让我们掌握过去的实际情况，而不能帮我们达成目标。要达成目标，还需要配合其他自我管理的方法和流程。

规划记录的类别

根据自己的需求，我们可以列举出需要记录的事务类别，比如"工作、学习、健康"，还可以在此基础上按不同维度扩展层级，比如：

工作

- 客户交流
- 内部沟通
- 文案工作
- ……

学习

- 语文
- 数学
- 英语
- ……

健康

- 有氧运动
- 抗阻训练
- ……

理论上，类别列表是可以无限扩展的，甚至如果记录工具支持的话，我们还可以在事务上标注不同的标签，以便从不同维度进行统计和分析。但就实际操作而言，这个分类不需要太细，否则很容易导致某个细类数据量太少而无法分析，也会让"记录"这件事情本身变得复杂，不利于持续执行。

我的建议是，在刚开始进行时间记录的时候，尽量以简便为衡量标准。对大多数朋友而言，一级类别已经足够，等熟悉和习惯之后，自然会形成更适合自己的类别的划分和设置。

什么时候进行记录

一些追求完美的朋友坚持实时记录，这样做的好处是数据精确，且不易遗漏，但带来的问题也是很明显的。比如有突发事件的时候是难以记录的，你不可能在老板突然走到你面前跟你讨论工作的时候，还操心着记录时间吧。再比如休息的时候，临时处理了五分钟工作，到底记不记录呢？

想要每一件事都精确记录到每一分钟，显然是不太可行的方式。为了说服自己不那么追求完美，我们需要知道，对时间记录来说，"精确"并不代表消除每一分钟的偏差，而在于记录的长期性和持续性。当我们累积了足够久的记录之后，时间消耗的量级（上百小时或上千小时）、比例关系、规律和变化趋势才是我们应该关注的点。对我们大部分人来说，一件事花费了 50 分钟还是 60 分钟，区别并不大，对最终统计结果的影响也有限。举个极端的例子，假设 10000 小时理论成立的话，我们在某项技能上投入了 9900 个小时，难道就不能称为专家了吗？

所以，我的建议还是跟上文差不多，在刚开始进行时间记录的时候，尽量更简单一些，才更有可能长期坚持。我们完全可以采用后补记录的方式，每天晚上花两三分钟回想一下白天干了什么，大概花了多久。比如像下面这样：

---------- 纸笔记录 ----------

×× 年 × 月 × 日

工作

做方案 2 小时

谈项目 2 小时

读书 2 小时

如果你已经坚持记录了一段时间，并且有了顺手的记录工具，那么你可以有选择地实时记录。在日常工作和学习中，顺手就实时记录，不顺手就后面补记，不需要特别考虑是否精确的问题。

至少在时间记录这个方面，追求完美才是成功道路上的绊脚石。

记录的工具

一般来说，刚开始记录或者只需要做一些粗略分析的朋友们，用纸笔就可以，这样比较容易养成习惯，也不会陷入"寻找完美工具"的陷阱。不过，对需要长期大量记录的朋友们来说，纸笔的问题在于难以统计、分析和保存，所以在养成习惯之后，可以选择使用一些自动化工具来记录。

目前市面上已经有很多这类程序或移动应用，不仅统计和分析功能比较完善，而且加入了许多游戏化的元素来激励使用者（比如成就系统），对大多数朋友来说已经完全够用。

思考片刻

用 Excel 进行时间记录

当然了，对我等"数据控"来说，别人的程序设计得再好，也没有自己的自由，比如不能自由导出和导入数据就是很让人焦虑的一件事，而如果自己想要某种奇葩的统计结果却无法实现，就更令人抓狂。当然，有编程能力的朋友们完全可以自己做一个简单的小程序，不过也有不少人（比如我）会选择用 Excel 做一个属于自己的"时间记录系统"。

限于篇幅，这里只说思路，大家可以举一反三，根据自己的情况自行调整各种设置和内容。具体实现没有想象中困难，有 Excel 基础的朋友们一两个小时就可以搞定基本功能，即使是对 Excel 不太熟的朋友们，用一个周末的时间查查操作技巧也足够了。

整体思路是这样的：

- 分析自己的统计需求：记录哪些类别，希望得出什么结果，以哪种方式展现，等等。这需要结合前文提到的"记录的目的"来考虑。

- 列出具体的数据项：事务类别、日期、开始／结束时间、事件标签，等等。

- 把所有数据记录在一张表上：我们需要一张表，作为存放"源数据"的表，这张表上是所有我们记录下来的原始数据，以后所有的统计和分析都依赖于这张表上的数据。所以，这张表最好起一个醒目的名字，确保以后的记录过程中，除了原始数据外，什么都没有。

- 用另一张表放一些静态选项，让记录操作更容易：对于一些需要重复录入的内容，比如固定的事务类别名称，通过"名称管理器"和"数据验证"等功能实现下拉菜单选择录入而不是手动录入。

- 在其他数据表上放置各种统计和分析结果，呈现的方式可以用数据透视表（图），也可以用函数提取相关数据做自定义表格。

按照这个思路，基本可以实现一个简单版的个人时间记录系统。当然，它的优劣势都是很明显的。

缺点就是，如果需要实时记录的话，必须在电脑前面操作，否则就只能选择后续补录的方式，比起移动应用来，在记录这个环节上不够灵活。但它的优点是，在统计和分析方面，相对其他时间记录工具来说更为灵活和强大，受限的只是自己的操作技能和想象力。我们可以根据自己的记录做许多针对个人的分析，实际上，如果要求不太高的话，单是筛选功能就已经可以满足许多需求了。

用饼状图或面积图分析时间投入比例

用雷达图或散点图分析时间投入倾向

用折线图或面积图分析趋势

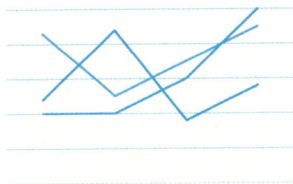

用条形图查看绝对值或对比分析

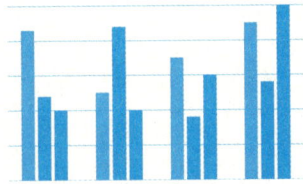

　　最后，还是要说那句话，工具只是工具，永远不能代替我们去真正做事或实现目标。在选择工具层面，切忌不断试用不断抛弃，要知道，柳比歇夫 56 年都用纸笔，一样记录了自己的一生。

所以，对我们来说，用什么工具记录实在不是什么重要的事情，甚至"记录时间"本身也不重要，关键在于能够持续记录，并从记录的结果中获得收益。

另外，给大家推荐几本书，一本是时间记录领域几乎唯一的经典著作《奇特的一生》，记述了苏联科学家柳比歇夫是如何通过时间记录来进行时间规划和管理的。关于 Excel 方面的操作指导书籍，我当时参考的是《Excel 图表之道》和《你早该这么玩 Excel》。

三、谈谈番茄工作法的利弊和应用

番茄工作法并不一定适合每个人，根据场景应用才是正解。

有不少朋友对时间管理的方法论感兴趣，所以本节咱们来聊一聊这两年比较火的番茄工作法。

番茄工作法是前些年兴起的一种时间管理方法，简单地说，就是把时间划分成 25 分钟的"块"（当然，这个时间长短可以根据自己的情况进行微调），到时间就休息 5 分钟，然后继续。由于它实施起来非常简单，符合当前社会"短、平、快"的追求，因此很受欢迎。

这个方法背后的原理，据《番茄工作法图解》的作者（也是这个方法的提出者）说，是有很多研究支撑的，感兴趣的朋友们可以读一读这本书，这里就不细说了。

番茄工作法的好处不少，我就不再"安利"了，不过从我个人的实践和观察来看，这种方法并不适合于每个人或者每个场景。

主要原因就在于每一个时间块结束时的"打断"，这种打断对一些需要持续思考的人，比如设计师、策划人或文案工作者来说，是很要命的。

通常，实践番茄工作法的人都会在电脑或手机上装这么一个软件用来计时，还设置了弹出窗口和声音提醒。但是想想看，你冥思苦想了 24 分 50 秒，脑袋里终于蹦出了一个模糊的想法，你觉得这个想法是有用的，你只需要让思维再深入一点，让这个想法变得清晰起来，好让自己能真正抓住这个想法，但是这个时候，时间到了，你是停下来休息 5 分钟还是继续呢？

在工作中体验过"流"状态的朋友应该会更有感触，这种"流"的状态，说白了就是干活干到 high 了，完全停不下来。有时候，我做方案做到思如泉涌，可以在电脑前两三个小时不动，因为一旦休息，就可能会失去一部分（通常是休息前的最后一部分思考）成果，更有可能会失去这种状态，那为什么不趁着这种状态在的时候尽量多做一点？于是，我只能不断取消显示屏上的提示框。这个时候，我还是在实践番茄工作法吗？

另外，有人进入工作状态比较慢，一个 25 分钟的时间段，前 5 分钟都在找状态，真正的工作时间可能只有 20 分钟。而对一些本身就不太情愿做事的人来说，虽然逼迫自己要工作 25 分钟，但可能前 5 分钟在磨磨蹭蹭，后 5 分钟在盼着赶紧结束，真正利用起来的时间就更少了。这种碎片化的工作安排真的很难说是理想状态。

还有一些朋友，比如销售人员，工作内容和场景很不规律，就更不适合这种方法了。

所以，总的来说，番茄工作法虽然强调了一张一弛，但这种"打断"并不适用于每个人或每个场景。就我看到的情况来说，很多放弃番茄工作法的朋友都是因为这种"打断"很容易让自己陷入犹豫的境地，在选择是否休息的一瞬间，压力和焦虑随之而来，久而久之，结果只能是放弃。所以，准备实践这种方法的朋友们，请先想想它适不适合自己。

当然，这并不是说番茄工作法就不好，还是前面那句话，它并非适用于每个人或每个场景，但对某些人或某些场景来说，是一个很好的时间管理方法。

在我看来，最适合的场景是这样的：

- 工作内容相对比较固化，少有突发事件（如临时约见或会议）；

- 工作地点固定，不用跑来跑去；

- 较少持续性地、深入地思考，换句话说，中断工作不会受到太大影响；

- 非创意类的工作。

如果你的工作符合以上这些场景，你又愿意尝试时间管理，希望自己的工作更有效率，我相信你一定会愉快地爱上番茄工作法。当然，你也可以选择仅在合适的时间使用这个方法。

另外，还有两种人，我也推荐尝试这种方法：一种是拖延症晚期患者；一种是对时间不敏感，但希望培养时间敏感度的人。

对拖延症患者来说，番茄工作法解决了他们看到一大堆工作就不想工作的难题。"只要工作 25 分钟就好"，这个想法会鼓励拖延人群开始工作，而一旦开始，就有机会进入良性循环，第一天一个番茄（25 分钟的时间段，在番茄工作法里被称为一个番茄），第二天两个番茄……慢慢地，拖延这种绝症就有可能被治愈。

第二种人通常是希望掌握自己的工作状态，比如想知道自己做某件事大概要花多久时间，或是 25 分钟内自己究竟可以做多少事。这种情况，运用番茄工作法是很不错的。如果对每一个番茄有记录，其效果和时间记录是一样的，你可以清楚地看到自己都做了什么，花了多少时间。

对了，还有一种人也特别适合番茄工作法，就是脊椎有问题的朋友，番茄工作法可以提醒你每隔一段时间起来活动一下，这样你就不用像我一样研读《8 步治背痛》了。

那么，在应用番茄工作法的时候，还需要注意什么呢？

首先，不要企图找到完美的软件。这一点说过很多了，不再强调。

其次是工作分解，这一点多说几句。我一直认为，这才是番茄工作法的精髓和本质。

我们许多人，往往对自己接下来要做的事情没有全面的认识，这让我们丧失了从更高维度来规划工作的机会。而如果实践番茄工作法，我们就必须在开始之前写明当天要做什么，并规划好工作的场景和时间段，比如第一个番茄时间用来给客户打电话，第二个番茄时间回复邮件，第三个番茄时间跟同事讨论问题，等等。

你看，这跟我们之前一直强调的一些方法和概念是一样的，列清单，做任务分解，把类似的工作放到一起来做以提高效率。这些方法也与以前流行的 GTD（Getting Things Done）时间管理系统所倡导的理念和流程不谋而合。所以，所谓时间管理，本质上来来回回都是那些道理，知道了道理，每个人都能找到适合自己的方法。

四、找到适合自己的时间管理方法

大概是 2008 年前后，我开始接触时间管理。作为一名初学者，我当然是按照各种高人的建议一步步认真实施，也是坚定的 GTD 信奉者和追随者。那时候的想法很简单：如果有一天我能熟练掌握时间管理的方法，找到最适合自己的工具，就肯定能无往不利。

多么幼稚的梦想啊……

一两年后的某一天，我突然发现，自己花了那么多时间和精力，背熟了 GTD 流程，跟人侃侃而谈各种时间管理方法，手机里装满了 ToDo 软件（时间管理软件），为什么我的生活和工作还是一团糟呢？

那段时间，每次 45 度角仰望星空的时候，我都会思考一个问题：我究竟为什么要做时间管理？

很多年以后，我的朋友 Amy 告诉我，正是那段时间的反思让我弄清楚了自己的目标。

是的，就是目标。

表面上，我的目标是"改善现状"，但在实际行动上，我把"掌握时间管理"当成了目标，冲突自然就出现了。

其实，许多时间管理理论一开始就告诉过我们，虽然时间管理是一种工具、一项技能，但最重要的是掌握它的理念，利用它来为我们的目标服务。可惜我们往往沉迷其中，假装自己学会了时间管理，就是获得了进步。

于是，我开始转而研究目标管理，制定了适合自己的目标，并朝着这个目标迈进，时间管理也从"圣经"变成了真正的"工具"。我不再纠结于流程和方法，只是根据实际情况做出最合适的应对，甚至大多数时候，没有任何流程，只不过是一些小技巧的应用而已。

这个时候，我对时间管理的理解慢慢由"术"变为了"道"。

我小时候看过一本漫画《龙珠》，里面有一句话，原文记不清了，大概的意思是：所谓伟大的武术家，不过是能将基本功熟练应用而已。我深以为然。

现在，我的时间管理方法非常简单，就是把握最重要的几个步骤——搜集、归类、处理、回顾，其他没有了。

当然并不是真的没有，有需要的话，我可以写出更详细的流程和执行规则。但我觉得，相比别人规划的流程，更好的做法是充分实践，遵循自己的实际情况和习惯，逐步形成属于自己的时间管理方法。

这可能会让很多想看现成的流程图和工具列表的朋友失望，但事实是，在个人差异明显、外界环境变化剧烈的时代，想找到可套用的模式是徒劳的。别人的经验只能参考，自己的经验还得靠亲身实践来获得，而这种"自己的经验"，才是能够适应变化的。

说到底，我是希望大家不要拘泥于方法论，时间管理只是一种理念，只要持续去做，自然而然就会形成一种时间管理的方法，这个方法对你而言就是最好的。

比如，许多时间管理方法论里都强调在搜集阶段要有一个固定的 Inbox（收集箱），这样会更有序，也能最大限度地避免遗漏事务。但我并没有刻意去设置这样一个 Inbox，因为重点并不是 Inbox 是什么，而是了解"搜集"这个步骤的目的是什么。

搜集首要的是迅速，那么我就找当前最顺手的来用，同时为了避免之后的遗漏，也顺便养成了迅速归类的习惯。现在，手头空白的 A4 纸、自制的活页本以及手机上的滴答清单成了我的 Inbox，我确信它们肯定比我一开始规划的要合理。

你看，这就是自然形成的时间管理方法。

到目前为止，我实践时间管理已经有七八年了，这期间我当然也怀疑过、摒弃过，但最终还是习惯了，也找到了适合自己的方法和工具。这些方法和工具都非常简单，简单到不像是在做时间管理，但我仍然认为它们可以更精简。希望有一天，我不再需要刻意借助方法或工具，便能在处理事务的时候达到"心如止水"的状态，或许那就是传说中"禅"的境界了吧。

希望大家也都有那么一天。

五、别让工作方案消耗你的时间

在职场里，文案工作是躲不开的。商务方案、工作报告、项目简述、日常沟通的邮件……虽然有一些看似简单，但其实文案工作对综合能力的要求很高，最不济也得保证条理清晰，观点明确，而这恰恰是让许多朋友头疼的原因。

当你把辛辛苦苦加班一周做出来的方案交给老板，却发现老板匆匆扫了一遍，然后两眼一翻地问"你这个方案究竟想说什么"的时候，你就知道他的下一句话一定是"再加班改改吧"。这种情形并不少见，特别是对不那么熟悉写东西的朋友们来说，以至于每到交货的时候，老板就变成了一个前所未有的难伺候的人。

所以，这一节我们来聊聊方案要怎么写，才能让老板和客户舒服。

以我的经验，当老板或客户问你"这个方案想表达／说明什么"的时候，通常代表这份材料出了下面这三个问题中的一个或几个：

- 观点不明确；
- 逻辑混乱；
- 思路不清晰。

观点不明确

这大概是最常见的情况了。

无论是一个方案还是一篇文章（这里不讨论文学作品），都必须有明确的观点，这样读者才会知道作者究竟想要表达什么。观点是我们想要传达给读者的最重要的信息，代表了我们的态度和立场，能够影响读者最终的认知甚至行为，这也是我们撰写一份方案的最终目的。

但是，工作经验比较少的朋友常常不知道在商务方案中该表达什么，或者不太会在方案中表达观点。注意，这是两个问题：前者是方案中没有观点，后者是表达不明确。

什么叫没有观点呢？

常见的是一份方案全部由"事实"堆积出来，而没有任何推导和结论。在大多数情况下，这样一份材料充其量只能称为"信息汇总"，应用范围和作用是有限的。这个问题，有时候是因为工作经验和能力有限，想不出什么有价值的观点，换句话说就是"对工作／行业／项目没什么想法"；有时候是心态问题，说白了就是懒得动脑子，纯粹应付差事。以上两点，都跟写作技巧无关。对于前一种情况，没有捷径，好好工作，认真思考，随着经验的累积和能力的增加，会有改善。后一种情况属于心态问题，这里就不讨论了。

再来看看观点表达不明确的问题。

一般而言，想要明确地表达观点，最简单的办法就是把观点当成标题。

比如，我们从"×× 行业背景"这个标题中是得不到什么信息的，即便在标题下又罗列了一堆事实，读者或听众（以下简称受众）也不得不自己从这些线索中抽丝剥茧，找到作者想要表达的东西。这么费劲的事，老板或客户当然不高兴做。

如果我们把标题变为"×× 行业正在逐渐升温"，下面再罗列一些能够证明这个观点的事实和案例，要表达的观点就非常明确了。大多数指导商务写作的书籍和文章，也都建议我们把观点作为标题，或者至少把观点放在每一段／章节的前面，一方面是开门见山，提高效率，另一方面也有利于我们引导受众的想法。

以一页 PPT 为例（换成 Word 文档也是一样的道理）。

这是一个观点很明确的标题

对这个观点的进一步阐述（如果有必要的话）对这个观点的进一步阐述（如果有必要的话）对这个观点的进一步阐述（如果有必要的话）对这个观点的进一步阐述（如果有必要的话）对这个观点的进一步阐述（如果有必要的话）对这个观点的进一步阐述（如果有必要的话）对这个观点的进一步阐述（如果有必要的话）对这个观点的进一步阐述（如果有必要的话）

第一个事实	第二个事实	第三个事实
对事实的详细描述 对事实的详细描述 对事实的详细描述 对事实的详细描述 对事实的详细描述 对事实的详细描述 对事实的详细描述	对事实的详细描述 对事实的详细描述 对事实的详细描述 对事实的详细描述 对事实的详细描述 对事实的详细描述	对事实的详细描述 对事实的详细描述 对事实的详细描述 对事实的详细描述 对事实的详细描述 对事实的详细描述 对事实的详细描述

上半部分是你的观点，也是论点，下半部分是由事实构成的论据，这样就很清楚了。

不过有一些特殊情况，方案的标题是不能随意乱改的，比如一些固定模板的公文、报告或投标文件，这时候，我们就只能在标题下面用言简意赅的一两句话阐明观点了。另外，对某些文案材料来说，也有可能把主要观点放在最后，比如某些调研报告或论证报告，因为在这种材料中，"论证过程"比"传达观点"更重要。

所以，观点放在哪个位置，需要根据方案和受众的性质决定，但无论放在哪儿，都要记得把观点提炼出来，让别人能够注意到。

还有一个让观点显得不明确的原因是，方案里塞了太多内容。有时候，我们为了让整个论证看起来更可靠，会添加很多论据，但问题是，太多的信息会干扰人的判断，这增加了受众消化内容的成本，何况并不是塞满了事实就代表观点是合理的、可靠的，也并不是足够多的论据就能够充分论证一个观点。不同的事实之间可能会有重叠，甚至冲突，除了让人更加厌倦和困惑之外，毫无用处。所以，我们更需要做的是精简内容，只保留最有Power（力量）的那些，这会让整份材料的主题更加明确。

有一点要注意的是，如果是在做PPT，记得内容≠页面数量。我们可以在一页PPT上通过事实和论证来完整表达一个观点，也可以用很多页PPT来表达一个观点，只要这些页面能够通过一条明确的主线来论证你的观点就可以了。

逻辑混乱

有些时候，我们在标题或章节的开头下足了功夫，强调了观点，但受众仍然感觉"没有说服力"或"看完觉得脑子更乱了"，这可能就是典型的逻辑混乱的问题，也就是说，论证过程出了问题。更简单点来说，所谓逻辑通顺，就是把话说圆了，让别人从道理上挑不出什么毛病。

论证是个很复杂的问题，我挑几种自己常遇到的情况聊一聊。

论证方法的问题

在方案及其他商务文案的撰写中，逻辑的构建和论证的方法其实是相对简单且有一定套路的，论证能力也是可以通过训练获得提升的。这个套路就是商务写作的法宝：金字塔原理。

金字塔原理所提到的两种逻辑是演绎推理和归纳推理，这里放上简单的图解。

演绎推理

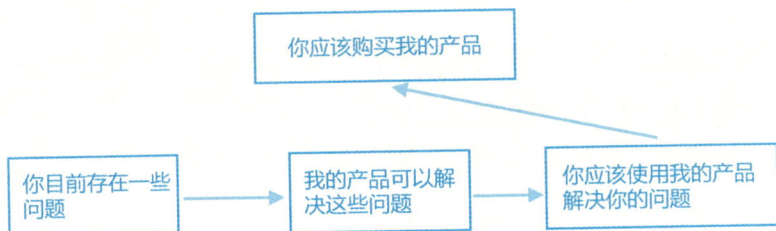

归纳推理

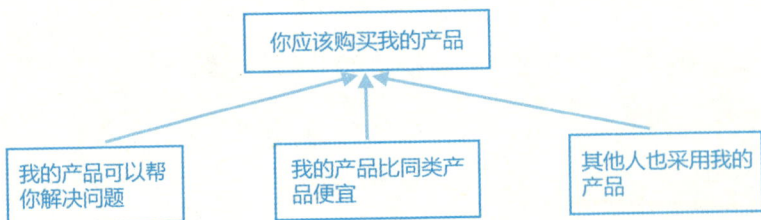

在同一份方案中，两种论证方法可以混用，但我建议大家，

在"可支撑观点的事实"足够的情况下，尽量使用归纳论证，因为它更"强壮"。

基本上，《金字塔原理》这本书已经将"思考、表达和解决问题的逻辑"这些事情都讲完了，所以这里就不赘述了，建议没接触过的朋友看看这本书。

事实不足以支撑观点

在做商务文案的时候，有一件让人很郁闷的事情，就是我们想要论证一个观点，但找不到足够多的事实来支撑它。

比如，老板要我们推销一件并不怎么样的产品，这件产品无论是从价格、品质还是满足客户需求的角度来看，都乏善可陈，既没有好看的数据，也没有成功案例。这时候，我们能做的只有"鬼扯"了，而这种"鬼扯"出来的东西，是没有任何说服力的。

这时候的问题已经不是论证是否合理，而是难以构建出一个逻辑来证明一个既定观点。我的经验是：回避具体问题，依靠大众认同的观点或感性认知来弥补论证的缺失。

办法有很多。比如不谈具体产品，而是谈公司和团队能力，让客户产生"产品只是细枝末节，我在意的是跟我合作的人"的错觉；比如论证客户需求和行业趋势，让客户认为"他最懂我"，从而产生信任感；比如聊聊情怀和工匠精神，让客户觉得"我们要一起改变世界"……

当然，很多认真的客户很快就会敏锐地发现我们"跑题了"，所以，为了 hold 住场面，一般还需要为这个方案搭配一次慷慨激昂的演讲或一份漂亮得让人爱不释手的 PPT。

我知道，这些办法很不严肃，但在实际工作中，往往只能如此，你不能指望用方案来拯救一切。

反复论证

所谓反复论证，就是用类似的事实和逻辑论证同一个观点。

我们有时候不懂取舍，有了足够的论据，总觉得不用就浪费了。但要知道，反复论证同一个观点并不意味着说服力更强，更多的时候，受众会觉得"咦？这事不是刚刚说过吗？"。这反而会打乱受众的思维，严重的时候，还会让受众产生作者已经词穷的误解。

解决办法也很简单，好好检查一下文案的内容，尽量使用有差异的事实作为论据，这样可以从不同的角度说明一个问题。如果一个观点已经论证清楚了，就停止。

越往后越乱

这个问题是因为在一开始就没有做好整体规划。

有些朋友在写东西的时候喜欢边想边写，虽然看起来比较有效率，但往往会有两种结果：一种是写到后面就没话说了，但又觉得没写清楚，只好硬凑，整体就乱了；另一种是写着写着，脑洞越开越大，就跑偏了。

可以说，这种情况是最令人惋惜的。即使开头开得再好，如果没有一个好的后半段——特别是结尾——就意味着前面的都白干了。

所以，我强烈建议大家在动笔前好好规划一番。我们的观点是什么，主线是什么，论据是什么，在什么地方填充什么案例，等等。这些想清楚了，后面其实都是体力活而已，在写的过程中，也能始终紧扣一个主题，不容易跑偏。

另外，如果你的材料比较长的话，一定要记得前后呼应。在一些关键节点，要记得时不时想办法唤起受众的记忆，让受众记得在聊什么事情，聊到哪里了，并且最好在结尾处完美契合开头。这需要一定的经验，但只要我们能注意到这一点，方案的质量就会有极大的改善。

以上是我们在逻辑论证的过程中需要注意的一些问题。另外还有一点比较特别的，想顺带提一下。

里子很重要，面子工程也得做

我们有没有想过，有时候一份方案"看起来没逻辑"真的只是"看起来"的问题。

以下面这页 PPT 为例。

标题描述某系统的作用

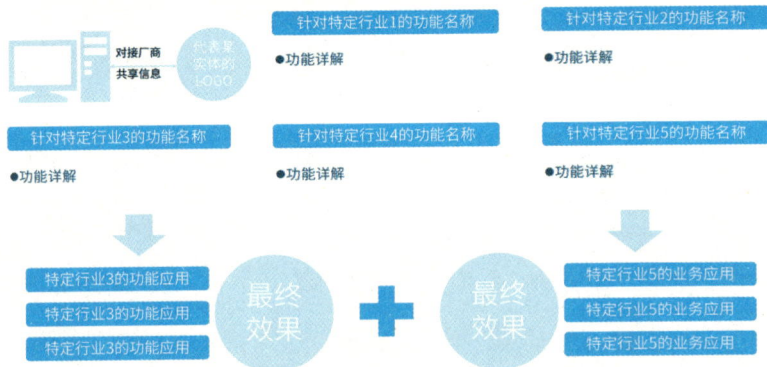

从整体感觉而言，这页 PPT 的最大问题是没有重点。左上角的图例并没有传递出更多有效信息，几个特定行业的描述处于同一维度，但其中两个在综述之后又另辟了一块空间进行另一个主题的详述，主次不够分明，再加上其他的小问题，读者会很困惑："我到底该把眼睛的焦点放到哪里？"

我们来进行一些简单的变动。修改标题和一些细节文案，去掉信息含量不高的内容和装饰性图解，对整体布局依主次进行分隔，对重点部分的内容用颜色、体积和位置做出对比。

标题点明某系统能够应用于各行业

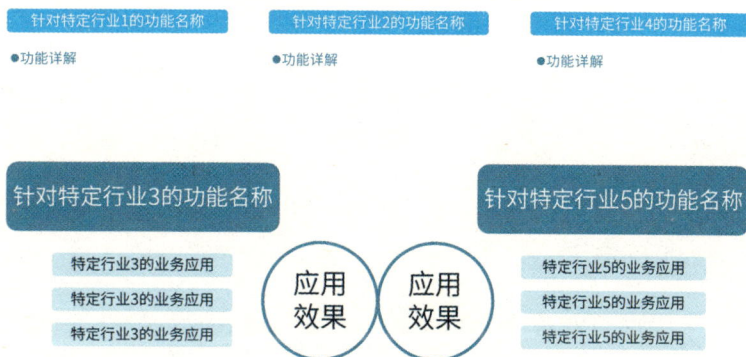

这样就稍微清晰一些了，继续修改下去的话，还可以考虑把内容拆分成两页甚至三页，让每一页想表现的内容更精练，也更明确。

没错，我要说的就是排版。不要以为设计的四大基本原则"对齐、重复、对比、亲密性"只是为了好看，实际上，这些原则能够极大地帮助我们自己和受众整理思路，厘清逻辑。而且不仅仅是PPT，你能想象一下人们在看Word文档时，读到"2.4.2.1.3某功能详解"这样的标题号，会有多崩溃吗？

所以，当我们的逻辑没问题的时候，别让烂排版毁了整个方案。

思路不清晰

有时候，一份方案看起来感觉不对，我们也说不清到底是观点表达出了问题，还是逻辑论证出了问题，或者两者兼有。这个时候，可以统称为"思路不清晰"。

遇到这种情况，我们首先要做的就是找到一个"点"，就像在整理缠成一团的数据线时，至少要先找到其中一个头儿。

一个简单的办法是，假设我们不得不把整个方案浓缩成一个关键词，那么这个关键词就是这个"点"。这个"点"不一定是一个具体观点，它也许是客户的核心需求，也许是我们最初拟订方案时的一个主要诉求，也许是我们自己觉得这份材料最需要说清楚的地方，无论是什么，它接下来必定是整个方案的重心。

确定了这个"点"之后，我们就可以围绕它来构建整个方案了，包括明确观点和构建整体逻辑。一种方法是由上而下推导，即先有观点，后论证。我们可以把这个"点"具体化，并和我们的业务诉求建立联系，就是这份方案的观点，剩下的事情就是围绕这个观点进行论证。

曾经有一位朋友请我帮忙给他的方案提提意见。这份方案是一份典型的商务提案，也许是希望将方方面面展示得更全面一些，所以存在前文提到的"信息堆积"的问题。这份泛泛而谈的方案没有任何能给人留下印象的部分，自然在商务推动方面起到的作用也极其有限，未来如果碰到一个挑剔的甲方，说不定当场就出局了。后来，我们从客户需求、实施方法、项目收益等方面进行了一番梳理，最终确定了以某个最具竞争力的推广模式为中心，重新确立观点和构建逻辑，删去了大部分关联不大的内容。后来，这份方案给客户留下了深刻的印象。

另一种方法是由下而上，通过既有事实推导未知结论。这种方法更简单，因为那个最重要的"点"肯定是你需要推导的结果。关键的问题是我们从哪里开始？这取决于这份材料的目的。比如可行性论证，那个最重要的"点"（也是最终的"点"）就是"该项目是否具备可行性"，开始的点就是"如何证明是否可行"，接下来直接套用可行性分析的套路就可以了。当把两个点用逻辑连成一条线的时候，方案也就完成了。

所以，对于思路不清晰这种问题，主要就是确定那个"最重要的点"，切忌堆积太多内容且不分主次。

思考片刻

如何提高做方案的能力？

我还是老建议：阅读、思考和写作。不过，针对写方案这个方面进行专门训练，还是有一些侧重点的。

阅读

单从训练逻辑的角度来说，在阅读的时候，分析作者的思路是非常有效的。我们完全可以把书的内容拆开，一段一段、一句一句地分析，看看作者是怎么把一件事讲清楚的。研究、参考、学习和模仿一本书是如何"摆事实，讲道理"的，不仅对自己的提高很有帮助，也有助于更好地理解这本书。

思考

针对本节讨论的主题，有一个很小但很有用的技巧：自我辩论，就是在自己提出一个观点或进行一个论证之后，换位思考，站在反对者的角度来挑毛病。这能让我们思考得更全面，并不断完善自己的想法或方案。当然，如果有其他同事或朋友帮你，就更好了。

写作

很多人都认为写东西是一件很难的事而不愿动笔，所以我们不妨从易到难，最好走一步就有一步的收益，这样容易形成良性循环。

第一步，分清事实和观点。方法很简单，跟考试刷题一样，就是判断某些句子是事实还是观点。这些语句从哪里来呢？虽然有专门的书籍和练习题，但我还是建议大家试试我的提议：结合本书里提到的《零秒思考》这本书里的方法。

首先，参考相应章节里介绍的方法写出一些句子。这里引用本书的例子。

项目执行不顺利的可能原因：

→ 上线时间紧，产品和流程存在较多问题；

→ 整个项目的重点不突出，各方没有统一认识；

→ 产品在当地推广不力，客户认知度不高；

→ 对合作方的培训和宣导不够；

→ 产品对客户的吸引力不够大。

大家看，这些写下来的东西，对我们这个阶段而言，就是最好的训练素材和题库。我们每次写完，可以顺便分辨一下哪些是事实，哪些是自己的主观观点。比如：

项目执行不顺利的可能原因：

→ 上线时间紧，产品和流程存在较多问题；----- 事实

→ 整个项目的重点不突出，各方没有统一认识；----- 观点

→ 产品在当地推广不力，客户认知度不高；----- 观点

→ 对合作方的培训和宣导不够；----- 事实

→ 产品对客户的吸引力不够大。----- 观点

这样做的好处，一是训练分辨事实与观点的能力，二是实践了《零秒思考》里介绍的思维训练，三是整理工作和生活中遇到的一些问题，慢慢就学会了深入思考和就事论事，一举三得。

如果有兴趣继续，还可以把这些内容进行分类整理，甚至尝试对观点进行论证。

第二步，开始尝试修改一些"简单的东西"。比如重温一下以前的工作邮件、自己的简历，或者一些看不惯的鸡汤文，试试看能不能把它们改得更好。

第三步，开始写"议论文"。比如可以从第一步中挑出一些还没想明白的议题，试着套用我们讨论过的方法写一写，又或者

尝试着表达一些自己的想法。

相信到了这一步，大家已经对"写东西"这件事比较熟悉了，完全可以自由学习、训练和发挥。

六、职场人士如何利用业余时间自我提升

职场是个靠实力说话的地方，不想被淘汰，就必须想办法持续提升自己的能力，要学会如何做事，如何搞定客户，如何与同事相处，如何与领导沟通，如何教导下属……这些能力固然可以在工作中获得提升，但若想快人一步，还得学会如何充分利用业余时间进行自我提升。

这其实是三个问题：第一是如何充分利用时间，第二是提升什么，第三是如何提升。

如何充分利用业余时间

假设 5 点半下班，如果安排合理的话，最早 6 点半，最晚 7 点，就可以开始自己的"不被打扰的时间"了，一直到晚上 11 点上床睡觉，至少有 4 个小时可以利用。这段时间可以拿来做任何想

做的事，比如学习、兼职、锻炼身体等。按以上的安排，大家可以算一算自己比别人每年多了多少时间。要达到这种状态其实一点都不难，下面是我的做法。

首先，需要将碎片时间整合为大块时间，主要是从住和吃两方面考虑。

如果是租房的话，尽量离上班的地方近一点，这样节省下来的除了有大量的时间，还有精力。想想看，白天工作已经累得跟条狗似的，下班再挤一两个小时的车，到家就变成死狗了，完全没有精力做其他事情。

路上的时间当然也可以利用，但由于要开车或挤车，相对而言效率会低很多，而且形式受限（基本只能听）。这些时间都是碎片时间，虽然可以利用，但只适于获取信息。

所以，如果你现在租的房子离公司比较远的话，就不要节省那点房租了，搬家吧。我当初为了节省花在交通上的时间就换了房子，房租高了一倍，面积小了很多，环境也差了不少，但相信我，这些都是值得的。

吃的方面，如果想要提升的能力不包括烹饪的话，还是在外面解决吧，挑选上菜快一点、卫生有保证的餐厅搞定就行了，最多半个小时。有很多朋友对这一点非常抵触，认为这对健康不好，我很认同，所以咱们得找卫生、环境、口味都有保证的馆子，别整天吃快餐。当然，在外吃饭永远也赶不上在家吃饭的感觉，现在网上有很多适合单身人士的菜谱，做起来既快又好吃，有兴趣做饭的朋友们可以尝试。

除了这两方面，还有其他节省时间的方法，而且不仅仅是业余时间。比如，与其花大量的时间下载电子书，不如直接网上下单，不过一顿快餐钱而已。比如，与其跟朋友有一搭没一搭地聊微信，不如直接打个电话嘘寒问暖一次搞定，既亲切又省事。说到这里，大家可能已经发现，其实这些手段无非都是用金钱换时间。这么做是因为时间的价值比我们想象的大得多，钱没有了还可以再赚，时间没有了就真的没有了。从这个角度看，可以认为"自我提升"本质上是一种投资行为，成本是"买到的时间"+"购买时间所花费的金钱"+"提升自己所付出的努力"，回报就是未来从工作中获得的收益——长远来看，这是非常划算的。时间就是金钱，这绝对是真理，各位朋友如果有心的话，不妨计算一下自己每天丢掉了多少钱。

另外，当我们有了时间的时候，还得想办法让自己聚焦于真正有意义的事情，否则就会使好不容易聚集起来的大块时间重新变得碎片化。从以往的经验来看，在当前的环境下，网络是把时间变得碎片化的重要原因。许多人希望通过断网来解决这个问题，但往往很难实施下去，况且在网络时代，没有必要将自己置于完全封闭的环境中。实际上，我们需要的不是断网，而是养成不被网络（或其他事务）分散注意力的能力。要知道，网络固然能帮助我们提高效率，但也仅仅是一个能够提高效率的工具而已。

我建议大家体验一下不被网络控制的生活，你会发现只需经过几天的适应期，信息焦虑症就会逐渐消失，你又有心情去思考人生哲理和宇宙的未来了。

接下来，我们就讨论一下"提升什么"的问题吧。

提升哪些方面

"自我提升"实际上是一件很"自我"的事情，没有好坏对错之分，只有特点的不同。大家结合自己的实际情况，分析一下工作和生活方面现存的问题，展望一下未来的发展方向，就能大致有些眉目了。以普适性来讲，我建议从下面几个方向考虑。

健康：这是人在年轻的时候最容易忽视，实际上却是最重要的一件事。

当前岗位所需的技能：先把眼前的事情做好永远是最重要的。销售就去学习怎样沟通，项目经理就去学习项目管理。

升职所需的技能：如果不知道，那就观察一下——你的顶头上司都会些什么？如果你觉得他什么都不懂，那就继续好好观察。

为未来发展储备的技能：早一天打算，便多一分轻松，为未来多做一些累积，等待厚积薄发的那一天吧。比如，如果希望未来能够创业，那就需要了解和掌握管理、人力资源、财务、沟通、行业等方面的知识和技能。这些准备，当然越早开始做越好。

无论何时何地都用得到的基本能力：这些技能出色了，不管到哪里，无论做什么，都不会太差。比如沟通能力、办公软件操作技能、思维模式、逻辑、学习能力，等等。

个人兴趣：这完全是个人喜好，不会对人生轨迹造成很明显的影响。

以上分类供大家参考，优先级由高到低。下面来看看具体实施的办法。

如何提升

很简单，就是六个字：多学、多做、多想。

多学

我们从一出生就在不停地学习，不过许多人在成年之后就丧失了学习的意愿，永久止步于某个层级，再也不曾窥见更广阔的世界。所以，愿意持续学习同时也会学习的人，无疑是幸福的。学习的方式有很多，最有效的方式有两个：一个是请教他人，一个是读书。

请教他人最直接，在交流的过程中可以不断地质疑、思考、汲取，是学习效率最高的方式。同事、老师、上司、同行等所有比我们牛的人都可以是请教的对象。跟牛人交流，经验值的提升跟开挂了一样，所以如果有这样的机会，大家一定要好好把握。

读书有个好处，就是范围特别广。读书的过程也是与作者进行思想交流的过程，虽然效率不如谈话那么高，但胜在可以与之交流的人特别多。只需翻开几本书，便可以同时与不同时代、不同种族、不同视点、不同领域的大师们交流。这种体验，只有读书能带给你。

除了这两种方式，还有许多其他的学习方式，比如听课或者阅读各类文章等（可参考"学习金字塔"理论）。总而言之，只要有心，人人都能学习，并且在任何情况下都能学习。

多做

通过学习，我们可以掌握许多理论知识，但理论与实践相结合才有价值，用理论来指导实践，不仅实践会变得更有效率，而且对理论的理解也会更加深刻和透彻。那么，具体到提升能力方面，我们要怎样做呢？下面几点可供参考：

多做高价值的事务，摒弃那些低价值的事务：一个判断事务价值的简单方法就是看其中包含了多少机械的重复性劳动，因为创造性劳动永远是含金量最高的。另一个方法就是看它是否能够直接带来明显的收益，一般可以认为，越是能直接带来收益，事务的含金量越高，当然难度也越高。

做的时候尽量"偷懒"：理论这种武器可以帮助我们更聪明地做事，所以别傻傻地闷头干，用你学到的理论知识来提高效率吧。

搞搞新意思：有时候，难免有许多重复性劳动是甩不掉的，这个时候，可以考虑搞点创意，这样不仅有机会找到更多解决问题的办法，也能让自己不无聊。

要做就做好：这其实就是大前研一（日本著名管理学家）强调的专业精神。如果凡事凑合的话，根本就是浪费时间，无法得到任何能力上的提高。

多想

学而不思则罔，所以我们得多思考，而且得独立思考，这样才能有效地将理论应用在实践中。思考其实是很有乐趣的，会上瘾，特别是当你了解了很多思维方法之后，运用各种方法和工具去分析一个问题，这时候不仅会有解决问题的成就感，还会产生一种智力上的优越感。思考本质上是一个提高信息利用率的手段。同样看一本书，大家接受的信息量是一样的，但有人看完就算了，有人写了读书笔记，有人写了观点剖析，每个人最终的收获肯定不一样，区别就在于思考的深度不同，导致对信息的利用率也不同。

思考的话题太大了，简直无从谈起，这里只能勉强凑几个 tips。

凡事多想想"为什么"：大多数真实的问题都藏在一连串"为什么"里，通常只要找准了问题，就很容易找到解决方案了。

多想想未来：如果能够站在未来的角度思考问题，就有助于我们从更高的地方俯视人生。

尽量将思考进行输出：比如在知乎回答问题、写文章、把想法讲给别人听等，这才是训练思考能力的最好方法，否则只能称为灵光一闪，闪完就忘了。

以上就是如何充分利用业余时间提升能力的方法。如果上面所说的状态能坚持一段时间的话，就会变成一种习惯，它会驱使我们去行动，让"提升自我"变成一个内化的、隐含的目标。最后再次重申，不要纠结于细节和完美的规划，重点在于是否开始了行动，即便每天只能抽出十分钟，那就从这十分钟开始吧。

七、"坚持"是个好习惯

很多人在培养习惯或做某件大事的时候，开始时总是给自己鼓劲打气，要坚持下去，到后来却往往悔恨当初没有坚持下来。所以你看，要养成一个好习惯或做好一件事，首要的条件就是"坚持"。

坚持的好处显而易见。从某种程度上来说，坚持也是一种习惯。一旦养成了凡事坚持的习惯，它就会嵌入我们的骨髓里，将我们变成一个彻头彻尾的强迫症患者。凡事一旦开始，除非有确切理由，否则决不半途而废。这样一来，我们就可以把精力放在其他决定成败的因素上了。少了意志力的牵绊，我不知道成功的概率会不会大幅增加，但起码我们剔除了一个可能导致失败的重要因素。

想要做到长久地坚持某些事，最有效的办法是依赖我们内心的动机。这对有些人来说是很容易的，他们恰恰有一些想要做的或是喜欢做的事情，又恰好有机会去做这些事情。那么，对这些人来说，支持他们做下去的，或许是理想，或许是爱好，总之不需要刻意鼓励自己去坚持。

不过也会有很多事，是我们知道需要去做，但又不想去做的，比如赚钱养家，比如锻炼身体，比如戒烟。这时候，除了意识到这件事情的好处之外，就必须靠"坚持"了。要坚持做一件事其实还不算难的，难的是每件事都能坚持。要达到这样的境界，就得改变我们对坚持的认知，充分认识到坚持的好处。

有人说养成一个好习惯需要 21 天，有人说需要 3 个月，这么看来，比起"坚持"这件事，养成其他好习惯真算是轻松的了，因为想要形成"坚持"这个习惯，恐怕需要好几年的时间。其实道理跟习惯养成是一样的，就是利用反馈机制，不过"坚持"给我们的反馈，我们要很久才能察觉。

人们会持续做一件事情，通常是因为有反馈，比如每天工作是因为每个月发一次薪水，每天运动是因为出汗之后很舒服。但相对"坚持"这件事而言，其他事情获得反馈是比较快的，比如运动，几个月之后就能感受到不小的变化。甚至公认的反馈期很长的语言学习，一两年之后也能看到成效。而坚持是建立在这些习惯养成的基础上的，这大大拉长了反馈期，也降低了反馈概率。

举个例子，我们养成一个习惯的时候，会很高兴，觉得自己总算是养成了一个好习惯，却难以感受到坚持下去的好处。第二个习惯养成的时候，我们还是会高兴，但不会觉得自己是个能坚持到底的人。只有等第三个、第四个、第五个习惯都慢慢养成的时候，我们才会感受到自己意志力的增加。

这时候，我们或许会觉得自己是一个有毅力的人，但这还不足以说明我们养成了"坚持"的习惯。只有当有所对比的时候，把养成了许多好习惯的自己与以前那个很烂的自己进行比较之后，我们才会发现，这些巨大的改变都来源于我们的坚持。也就是说，坚持的好处需要其他成功不断堆叠，我们才能感受到。

为了能更快、更清楚地发现这种好处，对自己的生活轨迹进行记录是个好办法，可以让我们清楚地看到过去和现在的自己。有了这样的对比，我们也就能知道未来的自己大概能达到什么样的程度。

当认识到了坚持的力量，在做任何事的时候，我们都会很容易坚持下来。这不仅是因为我们知道了坚持给我们带来的巨大好处，同时也是因为坚持已经不再需要耗费额外的意志力了，它已经成了一种习惯。

所以，想养成坚持这种好习惯，我们需要坚持许许多多的事情，并从这些事情中受益。同时，还需要时时体会坚持带来的好处。当有一天，我们不再感到养成一个新习惯或做一件需要长时间付出的事情是一个挑战的时候，坚持的习惯就养成了。这个时候，我们应该为自己当初的那份坚持而骄傲。

八、你不是不懂时间管理，你就是没时间而已

"没时间"这三个字有多种解释。

有时候，它是用来摆脱别人纠缠的借口，这个我们不讨论。

有时候，它用来表示主观意义上的繁忙，比如有人"每天下班就八点了，回家后做做这个搞搞那个，不知不觉就半夜了"。这种情况，是可以靠改变习惯、尝试时间管理方法逐步改善的。

而有时候，它表示一种客观状态，比如"为了通过考试，800 页的原版教材必须在一个月内保质保量地看完"。这种情况，就真的是"没时间"。

第三种情况通常是阶段性的，而非常态，比如备考的时候，或是项目临近 Deadline 的时候。这个时候，我们要对抗的不是自己的懒惰或拖延，而是"客观规律"，这个问题不是任何时间管理方法或其他自我管理理论可以解决的。

　　但是，"没时间"带来的压力，很容易让人们陷入一个"也许还有其他解决办法"的陷阱。在很多情况下，这是导致最终失败的重要原因。

　　比如，在复习时间很紧张的时候，你会希望时间管理的方法能帮自己缓解压力，尽管你知道这个时候研究这些东西是舍本求末。比如，明知道要赶紧学英语应付考试和工作，最后却沉迷于研究各种学习方法和理论，还为了这个跟人在论坛上吵架。又比如，项目到了 Deadline 却还有很多事情没搞定的时候，忙不迭地跑去研究"为什么你的项目总是失败"。

　　你看，为了缓解压力，人们会倾向于逃避困难的事情，转而去做那些"看起来有用"的事情，最后反而耽误了时间，加重了压力，事情变得比以前更糟了。有趣的是，这种情况往往出现在那些"有企图心和上进心"的人身上。

　　那么，在时间不够用的情况下，怎么办才好呢？

有必要花一点点时间明确最终目的

　　虽然没必要花时间去从头学习目标管理和时间管理，但基本认知必须清楚。比如，当前学习的目的到底是通过考试还是应付面试？加班的目的是应付考核还是改变世界？很多时候，时间上的紧急性和压力会让我们的脑子有点迷糊，但只要能冷静下来，这是很容易明确的。

根据那个明确的目的调整做法

时间特别紧张的情况下，就不用做计划了，至少不用做很详细的计划，最多设几个里程碑就可以了。不过，执行的方向可能会根据目的做一些调整。比如学习的目的是应试，那就认真找知识点，老老实实刷题，而不是像强迫症一样非得从基础到高级全面掌握。

认识到自己得放弃更多东西

比如，为了应付考试，就别指望自己能顺便打好理论基础，或研究出什么新成果，也别再为了"缓解压力"去"撸串"了，还得告诉自己要在这段时间暂时放弃自己心爱的兴趣。好在这种情况通常只是暂时性的，只要熬过去，有的是时间放纵。

没事给自己打打鸡血

激励机制是很有用的。喜欢物质激励的朋友，可以列一个心愿清单，比如通过某项考试就奖励自己一台游戏机之类的；喜欢身心激励的，就没事去看看合口味的励志文什么的。

认清客观事实，这有助于缓解压力

你的时间就是这么多，任务就是这么重，更悲剧的是，理论上，这么多事情是没法在这么短的时间内完成的。这些都是没法改变的，着急也没用，一步一步来，做成什么样算什么样吧。

做好心理准备，调低预期

这种适当的心理调节有助于减轻压力，但这并不意味着心安理得地接受失败。难道你不觉得创造奇迹是一件很值得炫耀的事吗？

说了这么多，无非是想告诉大家，确实存在很多时间不够用的时候，谁都没办法。但这种情况下，千万别让压力带着你走，那很不靠谱。

第二章

目标的绝对达成：

分解目标才能更好地执行

目标管理看起来有点复杂，但其实只要记得做到这几件事就好了：

先设定一个目标，记得运用 SMART 原则；再对目标进行分解，把大目标分解成小目标，小目标分解成可执行的任务；然后把这些任务做个排序，确保自己能在合适的时间有合适的资源执行合适的任务，这就是一个计划了；接着就是按计划行事；最后再对整个过程或部分过程来个回顾和总结。

一、迷茫的时候找个目标

"我现在好迷茫啊，不知道未来该怎么办。"

"我也知道现在要学习、要提高，但到底要学什么呢？"

很多朋友都有类似的问题，这些问题都问得很宽泛，我只能试着回答一下。

对年轻人来说，"迷茫"再正常不过了。特别是刚刚走出校门的时候，面临巨大的环境变化，难免会不知所措。这其实不算坏事，会迷茫起码表示对未来有思考。

还记得刚毕业那会儿，我在一家小公司领着微薄的工资，白天做事，晚上玩游戏，根本不知道啥叫迷茫。那时候，我压根就没对未来有过什么美好的期许，更别提思考自己的未来了，直到辞职之后，发现未来的路居然还有那么长，才开始惶惶然起来。所以，从我自己的经验来看，年轻的时候受人生经验所限，难以看清未来的道路，就会对未来恐惧，又不知道怎么改变，就很容易迷茫。

不过，随着年纪的增长，人们迷茫的时候就越来越少了。因为有些人对未来已经不抱期望，只希望按部就班地过日子，一旦没有了思考和追求，也就没有什么好迷茫的了。而有些人学会了如何拨云见日找到出路，就很少再迷茫了，或者说，迷茫的时间很短。因此我觉得，在感到迷茫的时候，我们需要做的是找到通向"自己想要的那个未来"的路。找对了路，剩下的就是拼了命地奔向那个未来，既不需要也没时间去迷茫。

那么，如何才能找到出路呢？答案就是找到目标。

"目标"这个词我们都很熟了，不过平时可能是在工作中接触比较多，比如"战略目标""业绩目标""项目目标"等，但个人目标的概念会略有不同。

对一个组织或项目来说，目标是聚拢资源的唯一手段，所以它们至少都会有一个目标，这个目标可能是赚取更多的利润，也可能是完成某项特定的使命。虽然有时候目标会变来变去，但目标必然存在，一旦失去了目标，组织或项目很快就会被替代或自行瓦解。

而对一个人来说，没有目标并不会导致这个人消失，所以很多人没有目标，就是因为不像一个组织那样面临生存危机。大多数人在基本需求获得满足之后就停下来了，但还有很多人是有追求的，为了满足更高的需求，必须不断督促自己前进。这时候，目标的作用就显现出来了。

记得有一张挺出名的图，大意是说有没有目标、目标够不够长远决定了一个人最终处于什么样的社会阶层。坦白讲，那张图的数据来源和因果论证我并不太认同。我觉得，并不是每个人都非得有个"高大上"的目标，人人都有选择自己生活方式的权力。别人爱怎么过是别人的事，咱们管不着，但对一些希望改善现状的朋友来说，如果能够用正确的方法找到正确的目标，确实是一件有帮助的事。更具体地说，做目标管理的好处至少有三点：

首先，能够帮我们认清方向

很多朋友，尤其是年轻朋友，会对未来充满困惑，不知道自己究竟想要什么，能做什么。在没有找到自己的人生理想之前，找对目标至少能够让我们先确定一个可能的方向。因为实施目标管理的过程实质上也是一个自我检视的过程。比如，我现在在纠结是否要转岗或转行，那么在设定目标的过程中，很容易就可以知道自己真正喜欢的行业或适合的岗位，接下来就可以根据实际情况做出下一步规划了。

其次，可以帮我们找到决策依据

我记得有个统计数据表明，人们在日常生活中，每天要经历超过 200 次决策，决策会导致压力，而压力会降低效率。不过，如果有了清晰的目标，我们就可以根据目标来分辨一件事需不需要去做，要花多少精力去做。这能让我们很快抓住重点，也让决策变得更容易了（这对选择困难症患者来说是个好消息）。比如，目标是"成为技术宅"，就可以直接拒绝营销培训；目标是成为最佳员工，就将工作放在第一位。

最后，可以让我们保持行动

对某件事持续地投入精力和热情是一件很困难的事情，所以很多人都会问"如何坚持"。说实话，想要坚持某件事，理想是最重要的，发自内心的意愿才能产生强大的推动力。但在当下谈论理想几乎已经变成一件很奢侈的事情了，假如我们就是没有伟大的理想，或者说暂时还没找到自己的人生理想呢？恐怕最简单有效的解决办法就是为自己定一个目标。通过对目标进行分解和执行，我们可以清晰地看到每一步的过程和成果，随之而来的信心和成就感会推动我们持续前进。

有些朋友或许会问，为什么目标需要去"找"，而不是直接参考那些出过自传的"成功人士"？那是因为人是主观、独立和自主的，每个人都有且应该有自己的目标。

对于某件事，可以人为树立一个目标。比如某个项目的目标是通过验收，某个方案的目标是说服客户，这些目标是客观决定的，也就是说，某项事务的目标必须是这样，否则整件事就没有意义。而每个人都是独一无二的，人之所以成为人，正是因为这种多样性，如果树立一个榜样让所有人去模仿，给每个人一个同样的目标，最后大家只会变成一模一样、没有独立思考能力、没有个人追求的人，那这个世界还有什么意思呢？所以，目标是每个人自己的，而自己的目标也只能自己去寻找，别人能给你建议，却无法代替你思考。

有些人天生就有目标感，有些人天生就知道自己背负什么样的使命，这些人自然不会迷茫。我不是这种人，所以我更偏向于用一种方法或规则来找到自己的目标和实现目标的路径。

这个步骤简单来讲就是先设想一个愿景，然后根据愿景设定目标，再根据目标规划要做的事。不过，在谈愿景和目标之前，我想先聊聊价值观的问题。之所以先说这个，是因为愿景、目标以及达成目标要做哪些事跟价值观密切相关。

价值观是我们为人处世的原则，人的大多数选择都是根据价值观做出的。认清自己的价值观，对设定目标、选择路线有巨大影响。比如，如果知道自己是个世俗的人，就老老实实地赚钱、结婚生子，不用去纠结一场说走就走的旅行；知道自己是个不安分的人，就别坐格子间等升职加薪。

认清自己的价值观的方法，就是不断剖析自我：我为什么喜欢玩游戏？为什么不喜欢学习？我喜欢钱吗？为什么喜欢钱？我讨厌现在的工作吗？为什么讨厌？等等，等等。这些问题的答案只有你自己知道，所以大可勇敢一点，对自己说实话。

不可否认，剖析自己的三观是一个痛苦的过程，特别是价值观。我们总是会受到他人和环境的影响，认为自己"应该"是怎样的，可惜那常常是我们对自己的臆想和期望。比如，在当今金钱至上、炫富成风、生存压力巨大的环境下，有些人可能会抵挡不住金钱的诱惑。还有些人，本性就不爱钱，那么即使他们面临生活的压力，也往往会选择逃避和降低要求，就算赚钱的机会摆在面前，也不会像其他人那么敏感。

无论这个过程有多别扭，最终我们总会重新认识一遍自己。弄清楚了自己究竟是个什么样的人，接下来的事情就好办多了。

设定目标听起来简单，但想做好的话，还是一件挺麻烦的事。一个设定合理的目标可以增加达成的概率，一个不合理的目标虽然不太可能导致坏的结果，但失败的概率是极高的。设定目标首先要遵循的就是 SMART 原则，这个会在后面具体介绍。

设定好目标之后，我们就可以思考究竟怎样才能达到目标，就能确定接下来要做的事情，也就是实现目标的路径。包括许多朋友问到的"知道该学习，但不知道该学什么"这个问题，如果有了清晰和明确的目标，要学的内容简直呼之欲出，还有什么好迷茫的呢？比如，希望成为行业大牛，就多了解行业信息，多跟牛人接触；想当作家，就好好码字。实现目标的路径绝不止一条，选择什么样的道路通常反映了自己的价值观。同时，为了让我们更顺利地走到最后，利用价值观的偏好选择最合适的道路也是非常重要的。

最后，正在迷茫的朋友们，请认真思考一下自己想要什么样的未来，再给自己设定一个中短期的目标，然后踏踏实实地朝着目标迈进吧。人要活这么久，迷茫实在是没啥好怕的，可怕的是迷茫着迷茫着，就放弃了。

目标管理的五个步骤

说完了我们为什么要了解和实践目标管理之后，跟大家分享一下我的目标管理经验。还是那句话，轻方法，重理念，具体操作只供参考。

我将目标管理的整个过程分为五个步骤：

- 设定目标：这一步里，我们研究一下自己究竟想要什么；
- 分解目标：看看为了得到我们想要的，需要做些什么；
- 制订计划：在这一步，我们可以确定什么时候做什么事；
- 执行计划：就是一步步实现想法的过程；
- 回顾总结：最后看看自己做得怎么样，以及接下来要怎么改进。

感兴趣的朋友们，现在就可以拿起笔来写写画画了，如果能找到适合自己的目标管理方法，就再好不过了。

最后，虽然我很想说实践目标管理是通向成功的阶梯，但很遗憾，它并不能保证一定实现我们的梦想，甚至不能保证最终达成我们的目标。我只能说，经验告诉我，目标管理只能让我们离想要的东西更近一点点，比某些人跑得更快一点点而已，所以千万别把目标管理当成万能灵药。

二、如何找到自己的目标

设定目标是我们做目标管理的第一步，也是最难的一步。这倒不是因为它有多复杂，而是对很多人来说，跨出这一步需要勇气和动力，毕竟这意味着一些改变。我的经验是，由于沉没成本的存在，人们只要开始做一件事，就有很大的概率会持续做下去。读书是这样，锻炼身体是这样，做目标管理也是这样。所以，大家完全可以这样想：我只是把目标设定好而已，执不执行以后再说嘛！

好，一开始，先来看看如何找到自己的目标。在我看来，每个人都有目标，只不过很多时候是自己没想清楚，当然有时候是逃避。

以前我建议大家用"想象愿景"的方式逐步推导出目标。具体的做法是，想象一下自己五年或十年后希望过上什么样的生活。注意，这个愿景是相对现实的，而不是白日梦，你若是非得想象十年后自己身穿盔甲拯救世界的画面，那我也只能祝你好运。

有了愿景，我们就可以将它具象化，这就是目标了，或许不会是你人生的终极目标，但至少会是近期内具有可行性的奋斗目标。比如，你的愿景是财务自由，目标就是赚到某个额度的金钱；愿景是成为 NBA 球星，目标就是将球技练到某个程度。

不过，上面这种方法对初次做目标管理的朋友们来说可能不太合适，所以我们不妨试一个更简单的方法。这个方法有点像抓阄，我们抓阄的时候，在意的往往不是那个"结果"，而是"结果"是否符合我们的心理预期。这个方法的道理也差不多，通过自下而上的推导预测未来，看清自己的意愿。

做法很简单，大家可以先把自己最近常做的事情列一个表，然后运用常识进行客观的推论，看看自己未来是什么样子的（这就自然而然地引发了思考），再想想那是不是自己想要成为的样子。如果是，恭喜你！你可以抛开本节内容继续做那些事了。如果不是，那一定有个更理想的状态，这个状态就是我们的新目标。

之所以用这种方法，是因为对人来说，改进比创造更简单。想象愿景是一个创造的过程，而对一个已有形态（未来的自己）进行改良相对来说就容易多了。

比如，我现在每天上班随便应付工作，无聊就上网看段子，晚上回家看肥皂剧，五年之后，我会是个什么样的人呢？十年之后呢？不用分析就能知道，那时候能有份工作就不错了，还谈什么理想和事业呢？

这显然不是我想要的未来，我心目中的未来应该是另一个样子的。你看，这不就有目标了吗？然后，根据这个目标把需要做的事情列出来就好了，就是这么简单。

虽然有了目标，但事情还没结束，我们还得检验这个目标到底是不是有效的。

通常我们的目标是这样的："我要赚到足够多的钱""我要好好学习英语""我要锻炼身体"，诸如此类。严格来说，这些目标都是无效的。而大多数人无法达成目标的一个重要原因就是设定了无效的目标，这些目标要么太模糊，要么不现实，最终给我们造成了障碍或困惑。所以接下来，我们来看看如何利用 SMART 原则对目标进行修正，把它们变成有效的目标。

目标管理的 SMART 原则

SMART 原则有五个标准：具体的、可衡量的、可实现的、相关性、时限性。满足这五个标准，才能算是一个好目标。

SMART原则

Specific	具体的	
Measurable	可衡量的	
Attainable	可实现的	
Relevant	相关性	
Time-based	时限性	

举个例子。

假设我们希望保持健康，但是现在体重已经超过 90 公斤，严重影响了我们的健康，因此我们就设定了"我要锻炼身体"这个目标。

具体的

首先，来看看够不够具体。具体的意思是，别人听了你的目标之后，脑海里想象的结果和你是一样的。

但就"锻炼身体"而言，不同的人会有不同的理解。比如，有人认为每天跑步游泳健身才算锻炼，有人认为饭后百步走就是锻炼，这么看来，"锻炼身体"显然是不够具体的。我们可以把它修改一下，变成下面这个样子："我要通过有氧 / 抗阻运动的方式进行锻炼。"它仍不够具体，但已经足够消除误解了。这看起来像在玩文字游戏，但我保证，等这一轮结束，你会看到目标是如何变化的。

可衡量的

接下来，我们需要确定目标是可衡量的，因为必须有个标准来帮助我们确认是否达成了目标。

以现在这个目标来说，我们不知道锻炼到什么程度才算是完成了这个目标。那么，我们可以将目标修正成"我要通过有氧运动的方式进行锻炼，将体重降低至 70 公斤"。这样，目标就变成可衡量的了。

这里还有个需要注意的问题是，有些目标确实是难以衡量的，或者衡量的标准不太好确定，比如"保持良好的人际关系""有逻辑地表达观点"等。这种情况下，我们可能需要做出一些妥协，暂时先不考虑衡量，先去尝试着做，等熟悉这个领域之后，自然会知道衡量的标准。

可实现性

再来，为了保证目标是经过认真考虑的，我们得分析一下它的可实现性。判断目标可实现性的一个主要方法就是参考和自己条件差不多的其他人，如果其他人可以做到，那我们就有理由判断自己也可以做到。

继续这个例子。如果我现在的体重是 300 公斤，那无论是通过参考减肥记录还是科学分析，都基本上可以判定从 300 公斤减到 70 公斤的可实现性不大。幸运的是，我现在的体重只有 90 公斤，通过参考各种教程和经验文章，我发现减到 70 公斤的可能性是非常大的，所以我就可以断定这个目标是具备可实现性的。

另外，在考虑可实现性的时候，不要漏掉某些对实现目标有帮助的对象。有些时候，我们认为自己无法实现某个目标，可能只是没想到方法或没找到合适的帮手。所以，设定目标的时候，应该尽量考虑完善，免得放弃本来有可能实现的目标。

相关性

接下来是相关性，这需要我们结合自己的上级目标或终极目标来考虑。考虑相关性的原因是人的精力是有限的，所以为了完成高层的目标，我们必须限定任务的范围，简单地说就是只做必须做的事。

在这个例子里，可以认为更高层的目标是健康，而减肥确实和我们的终极目标相关，所以这一点是没问题的。

时限性

我们得给自己的目标设定一个时限，到最后期限的时候，就可以根据衡量标准来判断目标是否已经达成。在设定时限的时候，有几个方面是需要考虑的：

1. 不要超过上层目标的最后时限：我们的目标都是从上层分解或转化而来的，因此绝不能出现当前目标最后期限晚于上级目标最后期限的情况。

2. 要充分考虑到日程的冲突和意外情况：有时候，我们的目标太多，计划太多，就很容易出现日程冲突，因此最好提前考虑。

3. 时限最好不要太长：时间拖得越久，计划就越难做，同时也意味着达成目标的频率太低。人们一旦在一段时间内无法得到这种"达成目标"的激励，就很容易丧失前进的动力。下面我们会谈到如何把一个需要很长时间才能达成的目标分解成一个个小目标。

4. 要考虑资源的约束：应该预先判断好自己的可用资源。如果时间不够，那目标的期限就要相应延长；如果没钱，那些需要钱来完成的任务就要延后。

还是这个例子，我们来给目标设定一个合理的时限，就暂定一年吧。

你看，通过运用 SMART 原则，现在这个目标已经是一个非常合理的目标了。

我要锻炼身体

具体的	……通过有氧运动的方式……
可衡量的	……将体重降低至70公斤……
可实现性	……从现在的90公斤降低至70公斤……
相关性	……我希望健康，而现在的体重影响到了我的健康，因此……
时限性	……在一年内……

（我希望健康，而现在的体重影响到了我的健康，因此）我要通过有氧运动的方式进行锻炼，在一年内，把体重从现在的90公斤降低至70公斤。

好了，以上就是设定目标的方法，大家可以试着设定自己的目标了。

下一节，咱们来聊聊如何把目标变成可以执行的事务。

三、分解目标才能更好地执行

只"设定目标"是不行的。

很多人常设定目标，却从来不执行，这是因为"目标"本来就是个不可执行的东西。想达成目标，先得把目标分解为可执行的任务。

为什么要分解目标

这一章的一开始，我们就提到了做目标管理的几个步骤。大家熟悉的，也是最常做的，应该是第一步，也就是上一节我们所讲的"设定目标"。据我观察，许多朋友都停留在了这一步，结果就是几乎从来没有达成过目标，而事后会将原因归于自己没有毅力，或是客观环境不允许。但事实是，没有进行目标分解和制订计划才是失败的根源。

我们在设定目标之后，接下来要做什么呢？

有些人认为目标既然已经确定了，剩下的在脑子里想想就知道该怎么做了。对于一些小目标，确实可以这样。但通常来说，我们一开始设定的都是几年之后的目标，那么这几年内要做的事，靠脑子可未必能想得清楚，而且有时候还不止一个目标。很多看起来"小"的目标并没有想象的那么简单，它们分解后的列表会让我们吓一跳，我们觉得简单，只不过是没有认真去想而已。

这里顺带说一句，无论是分解目标还是接下来的制订计划，归根结底是为了让我们更认真地思考自己的目标，你可以把这个阶段看作另一个检验目标的过程。

举个例子，很多人都设定了锻炼身体的目标，虽然这个目标可能是符合 SMART 原则的，但往往执行起来是很随机的，今天跑跑步，下周游游泳，等到了最终期限的时候，会发现自己离目标差了十万八千里。而如果进行了目标分解，就能知道自己要做什么样的运动，要做多少次，每次做多久，自己的时间够不够，环境是否允许……你看，这样我们就有了一个可执行的任务列表，也对怎样才能达成目标更清楚了。

所以，目标分解就是让我们知道要达成目标，究竟要做哪些事的过程。

分解目标并不难

分解目标很简单，我们只需要用自然的方法将实现目标要做的事都列出来就行了。

不过，分解的过程并非一蹴而就，而是不断细化的。也就是说，目标可以分解成几个任务，每个任务可以再转化为目标，继续向下分解，直到成为可执行的任务为止。

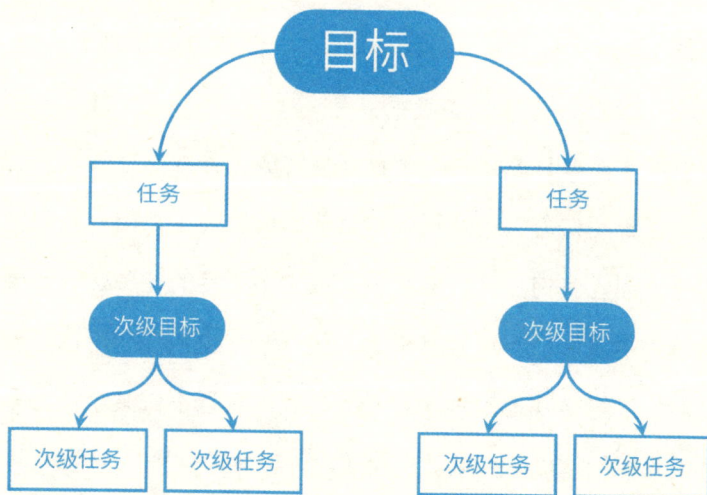

比如"办张健身卡"这个任务，如果我们还想分解得更细一些，可以先把它转变成一个目标，比如"周日前去办张健身卡"，然后继续向下分解成更具体的行动，比如查询健身房的资料、向

朋友征求意见、打电话询价，等等。如果你愿意，这些行动还可以变成目标，继续向下分解。

　　利用这样的方式，我们就可以完成许多看起来不可能的任务。所谓愚公移山，也不过是将一座山（最高目标）分解为一块块石头（任务或更小的目标）而已。

分解目标的注意点

　　虽然分解目标很简单，但还是有一些需要注意的地方：

既要避免遗漏，也要避免多余

　　怎样才算没有遗漏？一个目标分解成任务列表之后，要让任何人看了都明白怎么去实现，这就算分解到位了。但有时候，为了避免遗漏，我们会向任务列表里放太多无谓的任务，导致整个列表越来越臃肿，不仅意义不大，执行起来也很烦。所以，分解完之后，最好客观地审视一遍任务列表，看看不做某个任务是否会影响目标的达成，如果觉得没影响，就划掉这个任务吧。

要考虑是否适合均分

　　有些目标看起来很适合均分，比如学英语常被分解为"每天背十个单词"，锻炼身体常被分解为"每天多做一个俯卧撑"。这种均分方式的问题在于忽视了客观规律，比如生理极限、学习曲线等，是一种图省事的分解方式。这不是说任何目标都不能均分，只是说在考虑如何分解的时候，要考虑到客观事实，寻找更科学的方法。

避免分解得太细

有些事真的没必要分那么细，比如晚上做晚饭这件事你还非要做分解，结果就是在目标管理上花的时间比真正做事的时间还要久，这是舍本求末的做法。还是那句话，分解目标是为了让我们知道要做什么事，如果已经知道了，就没必要再分解下去了。

不断修正

刚才我们已经讲过，不要分解得太细，后续的修正就是为了弥补任务分解不够细带来的一些问题。比如，在奔向目标的过程中，总发现某个任务难以执行，像是"三月去旅游"之类的，那就需要找个时间把它再细化一下。同时，这样做也可以消除目标设定的偏差，比如发现某个任务成了障碍，那么有可能是当时设定目标的时候没想好，可以考虑对目标进行修正。

考虑资源对任务选择的影响

有些时候，达成目标可能有很多种方式，所以在分解任务的时候，一定要考虑哪些资源对任务有约束，哪些资源对任务有帮助，这样才能事半功倍。这些资源包括：组织、个人、物品、时间、精力、资金、环境等。

以上就是目标分解的方法。至于工具，纸笔足够灵活，软件更加便捷，大家根据自己的情况选择。

这一步做完，会形成一份或几份任务清单，上面列明了完成当前目标要做的所有事情。下一步，我们就要把清单变成计划了。

四、合理制订计划

无论是在目标管理的过程中还是在工作中，我们都常常要做计划，不过，能把计划做好的人可不多。

制订计划的目的是把合适的任务安排在合适的时间。这个步骤听起来很容易，无非是看看清单上已有的任务，然后确定先做哪个后做哪个，最后再给每个任务都标上时间而已。不过，计划的好坏会影响未来的执行以及目标的达成。

任务安排得好，资源利用率就高，执行起来也会很顺利；安排得不好，执行起来就会磕磕绊绊，计划就会变来变去，计划表就成了一张废纸，对自己也越来越没信心。许多朋友做了计划，却执行不下去，就是这个原因。

要制订一个科学合理的计划虽然算是个技术活，但也不是很难，特别是在目标简单、任务不多的情况下，只要注意一些细节就可以了。

分解目标和制订计划可以循环操作

之前咱们提到过，不需要一次将目标分解到很细的程度，其中一个很重要的原因就是，如果分解得太细，做计划的时候就会面对太多的任务和行动，反而会变得很麻烦。

所以，我建议大家只需要把目标分解为一个个相对独立的任务包就可以了。这样，做计划的时候就可以先把任务包放到合适的时间点，等一个相对粗略的计划成形之后，再把任务包分解为更细的可执行的行动，最后只需要对这个任务包内的行动进行排序就可以了。

一般来说，做完目标分解之后，我们会有一份列举了许多行动的清单，接下来有三件事要做：

- 估算每个行动需要的资源；
- 排列行动的执行顺序；
- 按照排定的顺序把行动放到合适的时间轴上。

其中，前两件事先做哪件都可以，但只有前两件事做完了，才有办法做最后一步。

先来看看估算资源

我个人认为这是最难的部分。比如练字这个任务，可能需要一本字帖、一支笔，也许还需要视频教程或是报个培训班，而无论我选择什么，都需要钱、精力和时间，这些都是完成这项任务所需要的资源。

钱或实物资源相对比较容易估算，无形的精力和时间却很难估算，但无论做什么事情，这两样都是必需的。

难以估算精力，主要原因是不确定性。比如本来计划晚上读书学习，结果白天忙到一口水都没喝，晚上到家累得不行，就算有时间，也什么都不想做了……所以，在制订计划的时候，一定要充分考虑到各种不确定性。如果最近比较忙，就不要安排太多耗神的事情了。

另外，人的精力是有限的，一个时间段内安排了很多需要花费大量精力的任务，只会早早耗尽精力，计划的执行也无从谈起了。通常来说，养成良好的作息习惯以及加强运动，能有效提高自己的精力。

时间难以估算的原因是人们往往容易高估自己的效率。这会导致执行计划的时候，不得不经常调整任务的开始和完成时间，长此以往，对积极性是个打击。

我的经验是，运用记录时间的方法来培养对时间开销的概念和对时间的敏感性。就我个人而言，我已经记录了两年多，现在我已经能比较准确地知道做一份什么样的方案大概要多久，写一篇文章大概要多久，这样在制订计划的时候，心里就比较有底。《奇特的一生》这本书中讲述了柳比歇夫的时间统计法，大家如果有兴趣，可以去了解一下。

出于以上原因，一开始的时候，我们只能进行一些粗略的估算，不过这不要紧，随着计划的执行，估算会越来越准确的。

再来看看排序

许多任务和行动之间是有次序关系的。行动间的次序关系有四种，了解并熟悉这些关系，有利于我们制订更合理的计划，也能更有效地利用资源。

注意行动间的次序

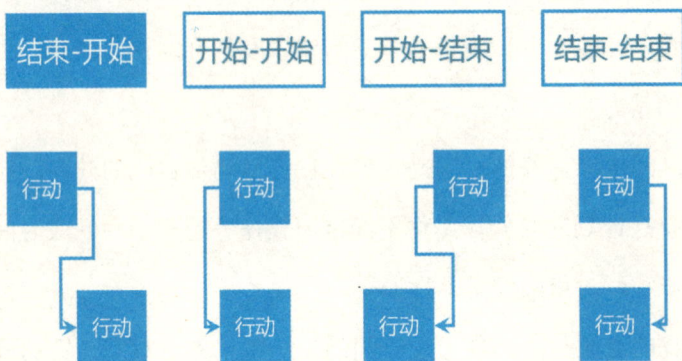

结束-开始	开始-开始	开始-结束	结束-结束
行动	行动	行动	行动
行动	行动	行动	行动

不过，我们的计划通常没那么复杂，最常遇到的就是"结束—开始"这种情况而已，就是先做完某件事才能做另一件事。比如，我要练毛笔字，焚香沐浴之后才发现忘了买毛笔，气急败坏地一翻计划表，才发现我把买毛笔这件事定在了周末，接下来就只能对着视频教程里的老师干瞪眼了。

有兴趣研究这个问题的朋友，可以参考项目管理理论里有关进度管理的知识。

厘清了行动间的顺序，就可以按照顺序整理一个列表或一张甘特图，上面最好清楚地标明所需的各种资源，然后就可以把这些行动放到合适的时间点上去了。

排序要注意资源约束和次序关系

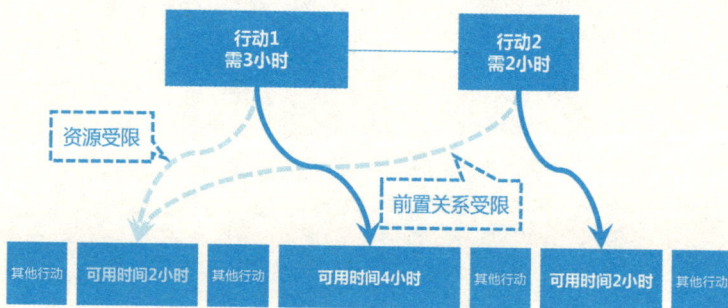

　　这张图解释了为什么制订计划需要了解某个行动所需的资源，以及顺序关系对计划制订的影响。只有将资源估算准确，把行动顺序理清楚，才能科学合理地安排自己的计划。

思考片刻

制订计划时，为什么要把有密切关联的行动放到一起？

这是出于效率的考虑。

因为即使资源允许，在不同的任务之间来回切换也会极大地浪费时间和精力。比如读书，通常从拿起一本书到进入状态，最少也要几分钟时间，而如果我们先看半个小时的管理学，再换成数学，中间至少会浪费十分钟，效果还不一定好。工作也一样，邮件写到一半，跑去打个电话，回来再写，还得重新理一下思路。许多朋友会觉得好像做了挺多事，又好像什么都没做，有时候就是这个原因。

任务切换会浪费很多时间

顺序执行

任务安排

A工期		B工期		C工期
A		B		C
10	1	10	1	10

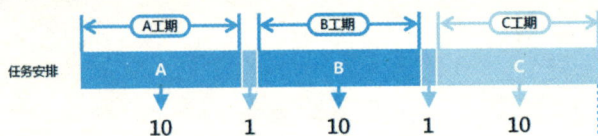

总工期 32　各任务工期 10

切换执行

任务安排

		A工期		B工期		C工期				
A		B		C		A		B		C
5	1	5	1	5	1	5	1	5	1	5

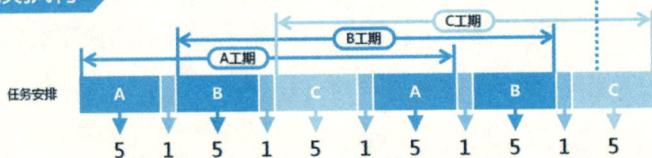

总工期 35　各任务工期 23

所以，我的建议是：

- 尽量集中精力做好一件事，再做另一件事；

- 精简任务列表，减少任务切换的次数；

- 大块的时间最好分配给比较重要的事；

- 如果确实有很多事，把有关联的事放到一起，减少任务
切换的损失。

制订完计划后，我们会得到一个计划表，然后就可以根据不同时段提取出年计划、月计划、周计划、日计划等。有了计划，就是执行了。

五、关于执行的思考

再合理的目标，再完美的计划，不去执行也是白搭。大家都明白这个道理，但仍然会栽在执行上。我的执行力也很一般，因此这一节既是探讨，也是共勉。

执行本身没什么好说的，值得说的是为什么执行不下去这个话题。坦白讲，其实这个话题也被人说滥了，把"如何提高执行力""如何坚持"这些文章的要点摘录下来，估计会是一个很长的列表，甚至有些忠告是互相冲突的，所以我只聊一聊自己的经验和困惑。

我们在执行过程中遇到的问题一般是以下三种：

1. 自己想按照计划执行，无奈计划总是被打乱；

2. 做好了计划，然后就没有然后了；

3. 道理都明白，一到做的时候就拖。

第一种情况是计划的问题

咱们在之前的步骤中一直强调要考虑目标和计划的合理性，如果在做计划的时候没有考虑资源限制和意外情况，在执行的时候就不得不常常调整计划甚至目标，长此以往，就会对计划的可靠性产生怀疑，最终的结果就是放弃。

这个道理是很简单的，解决办法也不难。

首先要注意的就是，在分解目标和制订计划的时候充分考虑资源限制，这一点之前说过，不再强调。

另一个要点是，在任务和任务之间留出一定的缓冲时间。许多朋友为了"不浪费时间"，把计划排得满满的，且不说精力够不够的问题，万一中间出现意外情况，后续的计划都需要重新调整。考虑到墨菲定律，这是很要命的。因此，在计划表里预留充足的缓冲时间是非常有必要的。

担心浪费了时间的朋友们，不妨把这些缓冲时间视为"可利用的碎片时间"。这样，如果前置任务顺利，既可以选择用这些碎片时间做些别的"有用的事"，也可以提前执行后续的任务。而如果前置任务不顺利，这些缓冲时间至少可以让我们不那么手忙脚乱，对后续任务的影响也不会那么大。希望研究"缓冲"这个问题的朋友们可以参考"关键链"的相关知识。

最后，需要意识到目标和计划不是死的，根据实际情况进行调整是很正常的。

综上所述，计划做得越合理，执行中遇到的阻碍就会越少。所以，如果你是第一种情况，那么最好回过头去，再过一遍前几个步骤，把计划调整一下。

第二种情况是意愿的问题

从本质上讲，这种情况是在主观上不认为付出努力会获得回报。

虽然有人不愿承认，但许多人都是如此，一边在人前声称努力改变命运，一边又暗地里羡慕别人不劳而获，在截然不同的人生观和价值观之间摇摆不定。这种认知上的矛盾会让人愈发焦虑，结果怎么样，大家心里都清楚。我们知道，要达成某个目标，必然要付出许多努力，这种对"付出"的恐惧让人如此犹豫，即使知道目标和计划对自己有莫大的好处，也仍然裹足不前，除了眼高手低之外，我想不出更好的解释。

要解决这个问题，除了看看鸡汤段子打打鸡血之外，无非就是认清自己的三观，考虑一下自己到底准备走哪条路。你若相信付出就有回报，就老老实实给自己充值，别整天琢磨着投机。

意愿的问题，除了上面提到的主观原因，也有客观原因干扰了人们对"付出—回报"的认知，这个原因就是因果关系的不清晰，或者说无法证伪。

我们平时学了这个、做了那个，但我们确实很难知道到底是哪个因素让我们变得更好（或更差）了。比如，我想提高沟通能力，大家都说写作对达成这个目标有帮助，于是我的任务列表里就有了这么一项计划。但它能对达成目标起到多大作用呢？由于影响因素太多，在事前我是无法衡量这种因果关系的，那么我在写作这件事上的执行意愿就降低了。

这种因果关系，如果站在一个较高的角度和较长的时间段上进行回顾，是可以看出一些关联的（虽然不清晰），但这是事后的印证，对事前提高执行意愿没有帮助，何况这种认知本来就很模糊。比如，我的沟通能力确实得到了提高，但很难知道究竟是写作起到了作用，还是其他方面的训练起到了作用。

这个问题，我也没有答案。世界本身是无序的，环境、事务及我们自身都处于持续的、动态的变化中，这些因素互相影响，产生了更多变化，形成了一个随机体系。在这个体系里，除了坚持所谓的理想或目标之外，我们好像也没有其他能做的了。

第三种情况是惰性的问题

这种情况与上一个问题的区别在于，有惰性的人知道是自己不争气，明明有强烈的意愿，明明懂得道理，但一到执行的时候就开始找借口拖延，最后啥也没干成。这个问题主要是收益的滞后性导致的，也就是说，没有即时反馈。

反馈是很重要的，一个良好的反馈机制可以让我们形成条件反射，最终形成良性循环。比如，领导的表扬和奖励会让我们更玩命地工作，运动时分泌的多巴胺会让我们爱上运动。享受了某件事带来的收益会让我们自主地持续做下去。

不过，某些事务带来的收益可能要很久之后才会兑现，执行的过程却充满了艰辛（学习知识、训练技能几乎都是如此），这确实让人难以忍受，因此少有人能坚持到尝到甜头的那一刻。

解决办法有几个，大家可以都尝试一下，看看哪些对自己有用。

分解目标和任务，设定即时回报

把大目标分解成一个个小目标，或针对单个任务，添加高频度低额度的即时奖励。比如每年读 100 本书的目标，不妨每读完一本书就给自己一个小奖励。这个奖励是要看得见摸得着的，要是只停留在纸面上，效果就会打折。

想了就做，不用计划周全

　　有时候，计划的过程会将做事的热情消磨掉，等计划做好了，这件事也变成可做可不做的了，所以有时候可以冲动一点，想到一件事不妨先开始做做看。人生可不是每件事都能计划的，也不需要每件事都计划。

只做五分钟就好

　　拖延的时候，告诉自己只做五分钟就好。这个方法对强迫症患者有奇效，一旦开始，就有了沉没成本，为了不浪费之前那五分钟的成果，人们常常会干脆做完整件事。

养成习惯

　　养成了习惯，就不需要用意志来对抗懒惰了，这方面有很多资料，就不赘述了。

可靠的行动清单

　　一个可靠的行动清单是有必要的，无论是用手机提醒还是手写日程，让目标和计划时时出现在眼前，多少会起到一定的作用。

　　以上各种解决办法，都不保证有用，大家自行试验，找到最适合自己的方法。

六、清单——让执行更简单

列个清单费不了多大事，却能让事情简单不少。

相信了解时间管理的朋友都知道列清单的重要性，如果你已经养成了这种习惯，那可以跳过这一节；而如果你平时总觉得自己的事情太多太乱，那是时候考虑一下养成列清单的习惯了。

回想我看过的关于个人管理的书籍和文章，虽然理念和方法或许会不一样，但通常都会提到一件事，就是列清单。这倒不是因为它的重要性，而是因为比起各种流程和方法，列清单无疑是最容易理解、最容易实践，而且效果也非常好的一个做法。换句话说，就是它的性价比很高。如果你觉得时间管理太难，那可以试试列清单，我相信它所带来的好处会超乎你的想象。

如果我们仔细观察，清单其实是无处不在的，形式也很多样，比如餐厅的菜单、理发店的价目表、电影的场次、上交的工作周报、明年的目标，这些都是清单。

其实，我们早就习惯了清单，甚至喜欢清单。比如，想看电影的时候，我们会格外渴求一份 IMDb（互联网电影数据库）Top 250 列表；想学习某个领域的知识时，会到处去找书单；打开 APP 听音乐，会点开别人编辑好的歌单；甚至看文章，大多数人也喜欢列表式的文章……究其原因，就是清单足够简单。

别小瞧"简单"这两个字，化繁为简这件事，除了清单之外，没有什么比它做得更好了。清单让我们不用再费劲思考原因和结果，只需要照着这个清单的内容去做就好了。比如本节内容，洋洋洒洒 2000 字，说了一大堆道理，若是简化成清单，也不过二三十字而已。从这个角度来看，清单在很大程度上提高了整个社会的效率。

清单的效果这么好，应用在生活和工作中自然也没得说，举几个简单的例子。

比如购物清单。你有多少次从超市回来才发现忘了买某样东西，不得不再出一次门？又有多少次为买了多余的东西而后悔？而如果事先想好要买什么，列个购物清单，按图索骥，很快就能把东西买齐了，剩下的时间，该逛就逛，想走就走。

比如重要日期的清单。你有多少次因为忘记了老婆的生日而被打得跪地求饶？又有多少次在重要的日子里错过了老板的红包？而如果事先想好有哪些重要的日子，在这些日子里要做什么事，整理出一个重要日期的清单，设置好手机提醒，以后就不用在这类事情上多费神了。

再比如工作中，你有多少次因为忘了重要的事情而被老板骂？又有多少次干了费力不讨好的事？而如果事先安排好要做的事，弄一个日程表或工作计划，就不用再整天担心是不是有事没做。有问题要解决的时候，想想自己要做哪些事，列个行动清单出来，就更有可能把事情办得滴水不漏。

所以你看，列清单其实也是一个思考下一步行动的过程。在这个过程中，我们整理了思路，厘清了需求，明确了行动，而由于把思考前置了，不仅在考虑事务安排的时候能更全面、更轻松，行动的时候也能更专注、更高效了。

虽然道理人人都懂，但还是有很多人就是不愿意列清单。我想原因不外乎两个：一是懒得写，二是害怕看到清单。

先说说懒的问题。其实，列清单又不是写论文，真心不费劲，与其说是懒，还不如说是太自信，觉得自己能记住。

但事实上，人的记忆力是相当不靠谱的。特别是过了中年以后，不但记忆力下降，工作和生活也开始变得越来越繁杂，这时候仅仅依靠记忆就很吃力了。而为了让自己靠谱一点，养成列清单的习惯，甚至建立一个完善的"清单—行动"系统，是有必要的。

其实，现在列清单真的很简单，各种清单APP多如牛毛，很多应用还可以直接识别语音指令，对我们来说，不过是对着手机说一句话而已，能有多麻烦呢？而且一些固定时段要做的事情，比如工作报告、部门会议、上ERP审批报销单等，可以设置成循环提醒，真的是一劳永逸。

等列好了清单，你就会突然发现轻松了很多，该做的事都在清单上，不用再担心是不是漏掉了什么；有了新的事务，直接加进相应的清单里就好了。

再说说害怕的问题。害怕看到清单，主要是因为清单会引起焦虑的情绪。清单上的事务太多或是太困难，就会给人带来压力，而如果没有清单，至少人们还可以选择性遗忘，或者用拖延的方式来缓解压力，其实说白了，还是逃避。

但我们都知道，这是饮鸩止渴，不管你列不列清单，事情都不会自己完成的。想想看，是一开始就清楚自己今天要做完十件事的压力大，还是到截止期限的时候，发现仍有几件事没做的压力大呢？前者虽然一开始确实带来了不小的压力，但随着事务一件一件完成，压力会逐步降低至零；而后者虽然一开始的压力比较小，但随着时间的推移，总是担心有什么事被遗忘，当发现确实有事务接近 Deadline 的时候，压力会直接爆表。

如果担心自己看着那一串没完成的任务会崩溃，那么列清单恰恰是一个缓解压力的机会。把想到的事都列出来，想想看到底哪些是可以不做的，彻底放弃，会比这件事整天在脑子里盘旋要好得多。许多觉得自己很忙的人，精简了列表之后，往往会发现原来自己没啥事。

所以，如果你希望工作和生活更简单、更有条理，而又不愿意实践复杂的时间管理，那么不妨先从列清单开始。

下一节我们来聊聊最后一步，也是很重要的一个环节：回顾。

七、回顾——重要但总被忽视的环节

目标达成了吗？计划执行了吗？做得怎么样？有什么收获？如果不回顾，你怎么知道呢？

不管是目标管理还是时间管理，都很重视回顾这个环节，有了回顾，我们才能越做越好。本节我们就来谈谈最后一个环节——回顾。

说回顾总结是最后一步其实不太恰当，因为回顾总结实际上贯穿了整个目标管理的过程（前面咱们就不止一次提到过回顾和总结）。它是为了让我们暂停一下，看看接下来该怎么做，其本质是对自己进行检视和反思，也是一个自省的过程。回顾的内容可以包括愿景、目标、计划、执行情况等。

很多人不重视回顾，他们设定好了目标，制订好了计划，执行过程也挺顺利的，但最终的结果不尽如人意，其原因往往是没有回顾。

下面说具体点：

第一，不回顾，很容易忘记目标。我们有时会在夜深人静的时候问自己："我这么努力是图啥呢？"这个时候，如果能回顾一下当初的目标，就可以放心睡觉啦。回顾可以让我们时时记得自己当初的目标，还有什么好迷茫的呢？

第二，不回顾，可能会一条路走到黑。年轻人行差踏错是难免的，比如你参加了一个减肥俱乐部，但发现大家聚餐的时间远比运动的时间多。这时候，我们唯一的机会就是通过回顾对目标和计划进行修正，把自己引回正途。

第三，不回顾，就不会满足。人是有惰性的，三分钟热度很常见，在心灰意冷想要放弃的时候，拿出已完成的目标和计划列表，看着过往的成绩，顿时有一种"原来我很厉害"的感觉。回顾产生的这种满足感，可以让我们进入可持续发展的良性循环。

除了上面所说的，回顾还有另外两个好处：

一是能够获得更多的 idea（想法）。在回顾和总结的时候，看着之前做过的事和未来要做的事，常常会突然冒出一个新的想法，也许是一个新的目标，也许是一个提高效率的方法。对我们而言，这跟白捡了钱是一样的。

二是可以从更高的角度俯视人生。咱们常说"以史为鉴"，而回顾和总结就是对个人的历史进行梳理，从而知道自己过去几年是怎么成长的，以及照这样的趋势发展下去，未来会变成什么样子。

其实，说了这么多，就是想告诉大家：回顾总结很重要！

那具体怎么做呢？

还是那三个字：很简单。无非就是浏览一下前几个步骤的输出，如目标列表、计划列表等，然后对已经完成的一些事情做一下简单的分析，看看是不是有需要改善和修正的地方，这对接下来的规划和执行过程都有很大的参考意义。

就我个人而言，我喜欢将一些能够用数据衡量的事情数据化，然后对数据进行分析，从数据中常常能发现一些感觉上的误区。当然，并不是必须这么做，就算没有数据，仅仅是在脑袋里进行反思，也已经能够带来足够多的好处了。

回顾总结的时间有时候是不固定的，比如在某个目标到期的时候，我们有必要对整个周期的执行情况进行回顾和总结，看看有没有达成目标，得到了哪些成果和经验，下一个类似的目标有没有需要注意的地方，等等。或者，在我们认为有必要的时候，比如人生的转折点、特别迷茫的时候，都可以进行回顾。

有时候是固定周期，比如每年、每月、每周。周期性的回顾对滚动式规划是很有帮助的，最好养成习惯进行周期性的回顾。如果对自己要求严一点，可以做一个回顾清单，每次回顾都进行记录，顺便把总结的结果也记下来。

回顾总结的输出成果看各人的习惯，比如有回顾清单、执行结果的记录、分析的结果、心得体会等。具体形式不重要，重要的是有这样一个反思的过程。曾子曰："吾日三省吾身。"咱们回顾不用那么高频度，十天半个月能"省"三次就可以啦。

好，目标管理的几个步骤到这里就结束了。虽然看起来有点复杂，但其实只要记得做到这几件事就好了：

先设定一个目标，记得运用 SMART 原则；再对目标进行分解，把大目标分解成小目标，小目标分解成可执行的任务；然后把这些任务做个排序，确保自己能在合适的时间有合适的资源执行合适的任务，这就是一个计划了；接着就是按计划行事；最后再对整个过程或部分过程来一个回顾和总结。

　　你看，就是这么简单。熟了之后，根本不用理这些流程，很自然地就能把目标管理运用到工作和生活中了。这时候，目标列表或日程表这些东西，基本上也成为自己日常生活的一部分了。

八、关于目标管理的一些补充

做规划的时候，最好找一个不被打扰的时间

既然做规划是需要思考的，那最好能静下心来，不要总是被打断思绪。再怎么忙，几个小时的时间总是抽得出来的吧。找个周末，告诉家人没事不要打扰你，关掉手机，断了网，这些时间就完全属于你自己了。我敢保证，就算你没接触过目标管理，一个周末也绝对能做出一个合理的框架，细节可以在执行的过程中不断补充和细化。

当然，这个"不被打扰的时间"是指不被无关的琐事打扰，并不是说你非得独自一人。你也可以跟其他人一起讨论，别人可以给你一些建议。但同时你要知道，自己也可能会受到他人的影响，导致目标的变动，所以我建议一开始还是先自己做，然后再跟人讨论。

你可以做出完美的规划，但永远无法完美地执行

这件事已经在前面说过，这里再提一次，实在是因为这是许多人最容易犯下的错误。完美的规划之所以如此吸引人，是因为它给我们提供了一个畅想的机会，当我们写下那些完美的目标和计划的时候，似乎自己已经或即将成为如此完美的人，这往往让我们沉浸其中，难以自拔。

但事实是，我们的时间、精力和能力都是有限的，这注定了完美的规划一定会破产。所以，制订完美的规划除了带来虚假的成就感和满足感之外，没有任何用处。

为了避免犯这种错误，我们必须承认自己的不足，也必须认识到，人生本来就不可能完美，想要得到一些东西，就不得不放弃另外一些。明白了这个道理，我们要做的就是审时度势，做一个能满足自己当前最急迫的需求的规划，这就足够了。

你的目标是什么就是什么

目标一定要高大上吗？其实未必。一个人的目标没有高低对错之分：你的目标是变得更强，所以不是学习就是练习，这很好；而我的目标是让自己更开心，所以不是看电影就是打游戏，这也没有错。目标管理只是帮我们找到目标并实现它，至于它是什么，取决于我们自己的意愿，不需要也没必要去跟别人比较，或是学别人。

找寻适合自己的方法和工具，但不要沉迷其中

我们许多人，不停地下载资料，却从来没看过；试用不同的工具，却从来没执行过对实现目标有帮助的行动。结果就是把自己变成了一个理论家，只记得研究方法和工具，却忘记了为什么要研究它们，当初制定的目标自然一个也没实现。

其实，无论什么方法和工具，都是为实现目标服务的。虽然前文中讲到了各种流程、方法和工具，但你完全可以无视它们。事实上，我建议对待任何"别人的经验"都应该持这个态度，重要的不是呈现出来的表象，而是本质。假如你已经明白了前面的章节都在谈什么，那么完全可以在执行过程中找到最适合自己的那条路。

所以，我们不妨时常想想，自己是不是在方法和工具上花费了太多时间和精力？

还可以了解一下与目标管理相关的知识

知识的关联性是很强的，比如：目标管理和时间管理就是关系非常密切的；项目管理与这两者的道理也是相通的，你完全可以把一个目标当成一个项目来进行管理；许多目标的实现需要依赖知识，因此知识管理也是很有用的；心理学能够帮助我们发现自我、完善自我。除了上面提到的，还有许多其他领域的知识能够帮助我们。所以，在有可能的情况下，我们应该广泛涉猎各类

知识，互相印证。

如何面对失败

没有进行记录、设定了错误的目标、没有将目标变成可执行的计划、没有执行、没有回顾等，这些问题都很容易导致失败，而失败会造成焦虑的情绪，导致这些问题更加严重，最终形成恶性循环。所以，既然要做，就认真一点，失败就不会那么常见了。

不过有时候，失败可能来自一些不可控的因素。在这种情况下，我们应该认真分析，也要随机应变，及时对目标和计划进行修正。

其实失败并不可怕，只要我们能搞清楚原因并找到解决的办法，就没有问题。

并不是每个人都需要做目标管理

目标管理并非适用于所有人。有的人天生就具有目标感，有的人生来就比较随性，这些人不需要或不喜欢做目标管理，并不代表他们是错的。

目标管理的作用在于，它能够帮助像我这样平庸的人，慢慢地取得一点一滴的进步。如果你尝试了一段时间，觉得自己无法适应，那也无所谓。咱们实行目标管理的最终目的是让自己活得更开心而不是更憋屈，所以不必强求。

九、关于"执行"的另一面思考

目标和计划都有了，怎么做才是个大问题。

一般的文章都有一个结论，不过本节内容可能要让大家失望了，因为没有结论。

有一次，我与一位想要学习制定目标的朋友见面。聊起执行的问题，他表示自己也看了不少关于个人管理的书籍，各种道理都懂，也尝试过很多方法，但到了要做的那个节骨眼上，往往就放弃了本来的计划，跑去干别的了。他问我这种问题该怎么解决。

其实，有不少朋友都是这样的，包括我自己，执行力很弱，常常会找个借口不读书，也常常到了要写文章的时候，就跑去打手游，然后盯着空白的 Word 页面发呆。

虽然我也想让自己变得更好，但在执行这方面，似乎确实没有一个一劳永逸的好办法。下面列举出我能想到的有助于提高执行能力的方法。

- 养成习惯：能显著降低选择带来的压力，简单说就是不用纠结。

- 设定目标：即目标驱动。

- 任务分解：把困难任务分解为一个个小的简单任务，本质上是降低执行难度。

- 改进做事的流程和方法：如番茄工作法、GTD、ZTD（Zen To Done）等。

- 探寻内心的欲望：用欲望驱使行动，按兴趣做事就是一例。

- 心理激励：比如看心灵鸡汤和成功学，在短时间内有打鸡血的效果。

- 制订完善的规划和计划：比如各种人生规划和行动清单，让计划指导行动，同时也让行动更合理。

- 奖惩机制：正向激励和反向激励。

- 先开始：只要开始，继续下去就不是难事了。

- 监督机制：自我监督或周围人监督，本质上是心理上的奖惩机制。

- 制造客观条件：如断网、注销游戏账号、经济封锁等。

但列出这么多方法，并没有什么实际的用处。假设上面的某一条真的特别有用，那我和其他因为执行问题而苦恼的人就不会陷入"没执行——自责——自我激励——没执行"的怪圈了。

回想起来，我们在选择等一下要做什么的时候，或许有过纠结，但大脑就是在某个瞬间决定了接下来是去学习还是去游戏。所以，我常常在想，人们做一件事的驱动力到底是什么呢？

是目标和计划吗？我一直热衷于目标和计划，但它们对我的选择产生了多大影响呢？可以肯定的是，人绝不是像程序一样，设定好了目标和计划，就会义无反顾、按部就班地执行，否则我那宏伟的人生目标早就该实现了，而不是被丢到垃圾堆里。

那么，是内心的欲望吗？欲望确实是强大的驱动力，但人有很多欲望，如何衡量它们的强弱？是什么决定了它们对行动的影响力呢？比如，我学英语的欲望延续十来年了，但为什么一直没有很好地去做呢？是当前享乐的欲望比学习的欲望更强烈吗？那为什么有时候我又会拿起书本背几个单词呢？是因为欲望在不同情形下的强弱会变化吗？如何掌控这些变化？

是习惯吗？也不一定。有段时间，我每天练字，按说早就养成习惯了，但后来不知道为什么，就不再练了。放弃的念头是从什么时候开始的呢？是从第一次中断的时候，还是从三天打鱼两天晒网的某个时候呢？

是性格吗？有的人喜欢机械化、有条理的生活，有的人喜欢自由自在、不受束缚的生活，但从日常观察到的情况来看，并非前者就能够按照自己的意愿达成目标，也并非后者就一定会一事无成。不管什么性格的人，总有些事是他们想做但没做的，也总有些事是没必要做但又做了的。

是意志力吗？意志力如何衡量？我们怎么才能知道意志力到了什么程度，就可以驱使我们去做自己想做的事？我们放弃了学习，却可以熬夜打游戏，屡败屡战，这样的意志力到底是强还是弱呢？

那么，是执行方法的问题吗？如果有什么方法能够帮助我们更好地执行，这种方法一定已经成为全人类的共识和信仰了。然而，上面我们总结出了那么多用于促进执行的方法，这显然说明没有一种方法是通用的或者对大多数人来说是特别有效的。

也许是所有这些因素在共同起作用？

假如有这么多因素在影响我们的行为，那么各个因素的变量是什么？权重有多少？整体决策的机制和原理是什么？

如果影响执行的因素这么复杂，那是不是可以说，我们的每个决定是接近随机的呢？那么，如果我们的行动符合目标和计划，如何确定这个行动是出于理性的考虑呢？

所以最后，我告诉本节开头的那位朋友说，我不知道。我所知道的，就是一些大道理和方法论，假如你都试过了，又确实没法让自己去做应该做的事情，那我确实爱莫能助了。

这位朋友后来有没有尝试过其他办法，我也不知道。我想，这些方法中到底哪一些方法对哪一类人在哪一个时刻有用，也许真的是随机的。也正是因为"执行"这个问题如此难以解决，我们才会放任目标消散，放任计划过期，才会"听了很多道理，却依然过不好这一生"。

总之，本节探讨的问题是时不时会从我脑袋里蹦出来的一个难题，希望有一天，我们都能找到答案。

Chapter 03

第三章

关于学习和思考：

如何成为一个高段位的学习者？

深度学习是人类探究知识本质的唯一途径。

若是想了解某一类知识究竟是怎么回事，我们就不得不花费大量（或许是一生）的时间和精力去研究，不能只做"读者"，而是要做"研究者"；不能只是"知其然"，而要"知其所以然"。对喜欢钻研的人来说，这样的乐趣是无可比拟的。

一、关于理想与现实的三个思考

知识离钱有多远

知识离钱有多远？我曾经深深地思考过这个问题，结论是：知识和赚钱没有直接关系，所以也谈不上什么远近了。

虽然我们大部分人学知识是为了赚钱，但在实际生活中，赚钱不一定要靠知识，而且有很多人学知识并不是为了赚钱。

赚钱不一定靠知识。比如流水线的工人，只需要学会一定的技能（而不是知识）就可以有工资收入了。再比如你身边的某些人，因为入职早一些，就有各种期权、各种奖励拿，这与有没有知识、有多少知识关系并不大。还有股票市场，赚到钱的那些人真的是因为有"股票知识"吗？怕是不见得吧，实验表明，猩猩也能做到同样的事情。

另外，很多时候，我们学习知识并不是为了赚钱。比如，我们学做菜，是为了生理和心理的满足感；读历史书，学到了历史知识，是为了满足求知欲或搜集谈资；将一件事情钻研透彻，是为了智商上的优越感。以上种种，都不是为了赚钱。

所以说，知识既不是赚钱的必要条件，也不是赚钱的充分条件。

但这并不是否认知识能帮我们赚到钱。比如学习烹饪知识，一开始只是兴趣，但久而久之成了专家，就可以靠出书教学赚钱。这样的例子举不胜举，这里就不多说了。

因此，赚不赚得到钱，跟一个人有多少知识并不相干，只看这人有没有一颗想要赚钱的心。有心赚钱，自然会挖空心思，踏实打工也好，坑蒙拐骗也罢，总能赚到的。

而如果没有要赚钱的强烈欲望，或者没有去学"赚钱这门学问"，就算夜夜苦读，也不可能赚到钱。

不过话又说回来，知识虽然跟赚钱没有直接关系，但确实是赚钱的一大助力。

一个人不会只有一类知识，多种类别的知识加起来就是一个人的知识面，而对某类知识接触得越多，研究得越深入，就越精通。知识的宽度和深度构成了"能力"。能力这玩意跟玩游戏需要天赋一样，受环境和个人喜好的影响极大，所以每个人的能力都会有差别。

　　一个人能力越强，赚钱就越轻松。我们可以看到，有一定知识量的人，能力必然会比较强，他即便没有刻意去赚钱，收入也不会太差，而一旦下定决心要赚钱的时候，总是会比没有能力的人赚得快一点、多一点。所以，无论你拥有什么知识，都是可以赚到钱的，不过每个人的方法不一样而已。

　　至于如何用知识赚到钱，因人而异，我实在没法一一列举。不过，从日常观察的情况来看，大多数人遵循的是"升职加薪，再抓住机会创业"这样的正常路子，也就是人们常说的"找份好工作"。不过，这种方式成本高，见效慢，大多数人都倒在半路上了，走到最后的人并不多。如果你有一些"特异功能"，不想走"打工"这条（不归）路，也没有问题，在市场相对自由的当下，只要找对路子，不怕没有饭吃。

　　最后总结一下：若是抱着学到知识就能赚钱的态度去学习，恐怕结果会让人失望；但若是抱着要赚钱的态度去行动，那么不管是学知识也好，攀附贵人也好，投机钻营也好，都是可能成功的手段。具体怎么办，就看各人了。这事说白了是个价值观的问题，这里就不多讨论了。

理想是要靠能力支撑的

首先，我认为理想是每个人都有的，不管你需不需要，也不管你觉得自己有没有，因为所谓理想，不过是自己希望达到的一种状态而已。一个有自我意识的人，一定会有一个"未来的理想状态"，这个状态也许需要努力奋斗，也许只是维持现状，又或者只是与现状不同的另外一种形式，不管这个理想状态是什么，肯定会有。

平常我们说一个人没有理想，其实并不是人家没有，只不过是我们不认同他的理想而已。比如一个穷书生，说长大了想当科学家，我们当然会说他有理想；而一个地主家少爷，他就想每天带个狗腿子上街调戏良家妇女，你能说他没理想吗？不能啊！因为理想这个东西，归根结底是人生观、价值观的问题。

你属于某个群体，必然是认同了这个群体的人生观和价值观，或者是努力让自己"合群"，让自己符合这个群体的特征。但圈子不同的人，人生观和价值观是不一样的。也许地主家少爷的圈子里，"每天带个狗腿子上街调戏良家妇女"已经是不小的成就了（仔细想想，要坚持每天都做到确实挺难的），人家也是有追求的好不好。所以说，我们在说别人没有理想的时候，实际上只是在否定别人的三观。

在日常生活中，我们为了展示自己的观念偏好，或者是为了让自己更符合周围人的主流价值观，往往会把理想"拔高"，其实就跟发朋友圈意思差不多。不过，朋友圈发了就发了，除了没人点赞之外，也没啥影响；理想却不同，因为理想是会影响到我们的行为和心理状态的。

比如说，有一天你突然觉醒了，有了一个理想，比如维护宇宙和平之类的，不管这个理想是自我意识的产物还是受到了环境的影响，你必然希望有一天能够实现它。一开始，你会朝着这个方向努力，但由于理想太高大上了，终有一天你会认识到，你这个"战五渣"连老王都打不过，还怎么实现当初那个伟大的理想？这个时候，你就会失落，然后焦虑，最后放弃。

所以你看，理想是需要能力做支撑的，有多大屁股坐多大凳子。没有能力支撑的理想，连梦想都不算，充其量只是妄想而已。

这又让我想起前文我们聊过的目标管理，其实仔细想想，理想跟目标没区别，都是我们努力的方向，只不过理想听起来更模糊，更抽象。所以，我建议有理想并且想坚持理想的朋友们，不妨去重温一遍如何设定目标的内容，用 SMART 原则检验一下自己的理想，先掂量掂量自己的能力，再考虑如何实现。

在这个过程中，你会发现，你的理想经过一遍遍调整，慢慢地变得不再高冷了，变得可实现了。这样看起来似乎起点低了，速度慢了，但实际上这是最快地帮助你前进的方法。

至于更高端的想法和追求，不妨作为一个美好的梦想，可以朝那个方向去努力，但不要寄予过高的期望，更不要让它来影响你的行动和判断。不相信的朋友们可以自己回想一下，在以往追求理想的过程中，你到底得到了什么，又失去了什么。

这里无非是想说明，做事要脚踏实地，不要去追求虚幻的东西。当然，这并不是说做人就不能有任何追求了，"人还是要有梦想的，万一实现了呢？"只是我们得记住，这个"万一"是要靠一步一个脚印走出来的。

练习的重要性

长久以来，不断有人问我，说为什么你的什么什么做得那么好，我通常回答："练啊。"许多人登时没了兴趣，似乎觉得我是在敷衍。这里我要澄清一下，我绝对是认真的。

其实，练习很简单，就是不断重复做一件事情。有不少人虽然嘴上说要提高，身体却诚实地偷懒，匆匆了解一些皮毛便算数，这可真算不得有提高了。

　　诚然，一项技能的知识、方法和经验也是很重要的，但我若真用这些来回答提问者，那才是敷衍。如今资讯发达，任何事情的方法、技巧和经验都随手可得，任何人想提高一门技能，第一个想到的恐怕就是去网上搜索相关话题。而很多人之所以又开始向其他人讨教，无非是因为尝试了很多方法和技巧之后，觉得没有提高。此时，再跟他们谈论方法显然是毫无意义的，又何必去说呢？

　　而练习是无论怎么强调都不为过的。我一直认为，经过长久练习的技能才能称为核心竞争力。其实，一项技能通过练习才能真正获得提高，这个道理人人都懂，浅显到许多教授技巧和经验的文章都懒得去提，但要做到这么简单的事情，并不容易。

　　练习需要方法吗？当然需要。

　　大家常说，只是埋头苦练是不行的，还得善于总结，意思就是要不断优化练习的效率。想要提高得更快，除了增加练习时间（10000 小时理论），就是逐步增加难度了（i+1 习得理论）。

　　这些方法，即便完全不懂也没关系，只要我们开始练习，凭借人类的智慧，很快就能找出各种各样优化的练习方式，这些就是所谓的"技巧"了。许多时候，我们并没有意识到这些技巧，因为它们已经成为我们做事的习惯了。

掌握了足够多的技巧，就意味着能力的提升和对该项技能更深刻的理解。

比如，想做出一份好吃的蛋炒饭，并不需要刻意寻找什么练习的方法和技巧，无非是多尝试。终有那么一天，我们能够知道每一种调料的性格，知道它们在什么时候下锅才能和其他食材产生奇妙的反应，知道什么时候翻炒，什么时候等待，这就是所谓的"火候"了。火候到了，就算练成了。

若是你热爱思考，再进一步，从中悟出了一些道理，就是所谓的智慧了。

比如常看电影的人，即便没有学过电影理论，对一部电影也能说出个一二三；比如常写PPT的人，写着写着，总结出了一些道理，也可以出书了。

所以，咱们常说夜市路边摊的干炒牛河比大饭店的好吃，无非是因为人家一直在做这道小吃。而我们若是真想把英语、码字、编程、演讲、唱歌等这些技能提高一些，除了掌握基础的知识和方法，剩下的也无非就是重复再重复而已。

二、深度学习

深度学习这个道理小学的时候就听老师讲过，可直到真正开始学习的时候才明白。

广泛阅读是有好处的，但就学习而言，单靠广泛阅读是不行的。要想真正掌握一门学问、一项技术，还要靠深度学习。知乎大牛采铜老师有一本小书，叫《深度学习的艺术》，对深度学习讲得非常透彻，感兴趣的朋友们可以找来看看。在这里，我本着浮躁和功利的态度，介绍一个简单到能让大家无障碍地开始深度学习的办法，就是带着问题去学习。

对我们这些要养家糊口的职场人士来说，深度学习可以增加自己的核心竞争力，说白了就是"一招鲜，吃遍天"，但这种技能，唯有经过深度学习才能练成。

站在更高一些的角度来讲，深度学习是人类探究知识本质的唯一途径。若是想了解某一类知识究竟是怎么回事，我们就不得不花费大量（或许是一生）的时间和精力去研究，不能只做"读者"，而是要做"研究者"；不能只是"知其然"，而要"知其所以然"。对喜欢钻研的人来说，这样的乐趣是无可比拟的。

带着问题去学习

难道没有问题就不能学习了吗？当然不是，没有问题也一样可以学习，但这样的学习是没有驱动力的。

举个我自己的例子。我有段时间想学编程，于是先研究学什么语言好，又下载了各种教程，还买了不少书，把从《C语言从入门到精通》到《编程之禅》的材料都搜集齐了，然后翻开书对着黑乎乎的窗口敲指令，结果几天就没有耐心了。先是翻翻这本，看看那本，然后就没有然后了，现在也只记得"Hello World"怎么写而已。

我估计很多人在学一样东西的时候都是这个路数。其实，我们仔细想想就会发现，这样的学习方式，每一步都是漫无目的的，不仅低效（甚至无效），还浪费了大量的时间和精力。

后来，我想做时间记录，但找来找去都没找到自己满意的工具，于是决定自己做一个。与学编程的经历不同的是，两周之后，我就做出了自己满意的时间记录工具，同时也掌握了大量的 Excel 函数和数据透视表的技巧，这些知识在后来的工作中帮了我大忙。

你看，带着实际的问题去学习，问题本身就是一股强大的驱动力，何况解决了问题还能够带来看得到的收益，这些收益也许是解决问题带来的成就感，也许是减少被问题困扰的焦虑，也许是金钱的收入。最终，为了获得更多的利益，我们会想要去解决更大、更难的问题，这样就形成了一个良性循环，自己也变成了一个深度学习者。

有朋友说，我什么问题也没有，你让我怎么带着问题去学习呢？那再说说我的经历好了。

我平常一直觉得自己对公司的产品和技术还是挺了解的，遇到客户也能侃侃而谈一番，但某次遇到一个技术流客户，被问到抬不起头来，这时候我才明白自己还差得很远。回来之后，我痛定思痛，列了个需要进行知识补充的列表，结果更崩溃了，因为我终于发现了自己原来什么也不懂这个事实。

你看，所谓没有问题，其实只不过是自己为了掩饰自己的懒惰而假装出来的，但期待这些问题永远不暴露出来是不现实的。所以，说自己没遇到问题的朋友们，可以回想一下以前犯难的时候。

有些文章提到学习必须依赖好奇心，我承认这种追根究底的特质确实在某种程度上对学习有帮助，但好奇心的问题在于难以把控和衡量。我们可能会对某个问题充满好奇而深入学习，但也有可能会对太多问题都难以自持，反而无法专注于某个领域。另外，好奇心会伴随人的一生吗？显然不是，大部分人在被教育体制、工作压力和生活琐事折磨之后，通常已经没什么好奇心了，这也是我们仅仅强调"带着问题"这个简单原则的原因。

那么，应该带着什么样的问题去学习呢？

当然是当前最紧迫的问题，这毫无疑问。不过，在我们开始研究一个问题之前，记得要把问题想清楚，并且最重要的是，要把这个问题变成一个开放性的问题。

比如，老板告诉你刚提交的一份报告要重做。假如把问题定义为"是不是老板不喜欢我的排版"，就是一个封闭性的问题，如果回答"是"，则下一步仅仅到调整完排版就结束了；而开放性的问题应该是"如何做出一份好报告"。换句话说，应该多问 why 和 how，比如"为什么有些人不干活还能领薪水"或"如何才能让老板给不干活的我发薪水"之类的。开放性的问题可以加大学习的深度和范围，引领我们在学习的道路上走得更远。

如何深入学习

答案很简单，就是输出。

输出的好处我已经提过很多次了，这里就从深度学习的角度再强调一次。

输出的方式有很多种，最有效的当然是实操。比如学打篮球，只看理论是不行的，还得上场搏杀；学 PPT，只看视频教程是没用的，要自己动手做才记得住。道理大家都懂，就不废话了。

实操除了能让学习极为高效之外，还有另外几个好处。

一是确实帮我们解决了问题，带来了收益。二是反馈，如果问题没解决，我们会知道到底哪里需要改进，这样就逐步完善和修正了自己的知识体系。最后，大家应该有这样的经验：脑子里的东西很多，但如果用嘴说，就少了很多细节，若是写出来，就没剩下多少了。所以，为了输出，我们不得不更深入地学习，这样才能输出有价值的东西。

有朋友说，很多知识没法实操，比如哲学、历史、政治等抽象的知识，或者有些知识当下没条件动手实践，如经济、军事等方面的知识。对于这类知识，我觉得不一定非得亲自参与其中，还有很多其他的应用方式，比如写作、培训或者跟人聊天，都是输出。记得我读书的时候，有一个钟爱历史的朋友常常讲历史故事，也常告诫大家要以史为鉴，时不时会借古喻今，这不就是知识的输出吗？

三、广度 + 深度 = T 型人

广泛阅读和深度学习，这两种学习方式有各自的好处，那么如何将两者结合起来呢？

一个人的知识和技能既有一定的广度，又有一定的深度，就是一个典型的 T 型人。具备这样的知识体系，在工作和生活中会有比较强的灵活性、适应性和抗风险能力。那么，本节我们就来研究一下，如何才能将自己打造成这样的人。

为什么要做 T 型人

当前社会对人的知识和技能要求越来越高，不仅要求大家什么都了解一点，还要求至少精通某一项技能。

一个人什么都懂点，但什么都不精，虽然能够应付大多数日常工作，但一遇到专业的、具有挑战性的工作就抓瞎了。这就是典型的没有核心竞争力的人，最终只能把机会让给更专业的人。

而如果只精通一门技术，不了解其他相关知识的话，虽然能将某些专业工作完成得不错，却很难再上一层楼，最后只能沦为"专业技术员"。这是因为人类的知识体系变得越来越复杂，在工作中，各职能之间的工作也结合得越来越紧密，仅仅了解其中一个"点"，而看不到整个"面"，就无法对知识和技能有更深入的理解。这也是现在的企业越来越喜欢复合型人才的原因。

所以，无论是学习知识还是提升技能，能做到既广且精当然是最理想的状态。

如何成为 T 型人

想达到这种理想状态，并不是简单的广泛阅读＋深度学习就可以的。我们当然希望自己样样都懂，样样都精通，但由于客观条件的限制，这实际上是不可能做到的。所以，出于最优化的考虑，我们必须科学地梳理并构建自己的知识和技能体系，否则就是瞎学。

为什么我一直把知识和技能分开说？因为两者确实是有区别

的。简单来说，知识是可以通过许多途径习得的，比如阅读、交流、经验的传授，而技能则只能通过实际的训练得到提升。

直接举例来看看。

下面这个人是不是 T 型人呢？

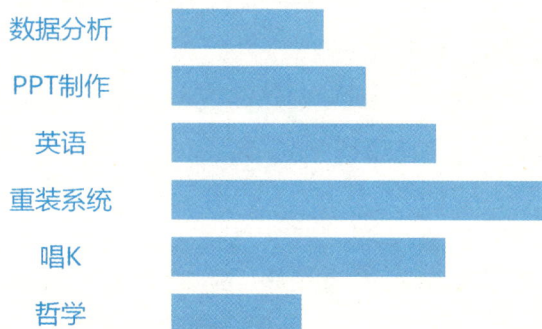

显然不是。所谓 T 型人，并不是你把自己掌握的东西列出来，然后用直方图排成 T 型就可以了，重点是知识和技能之间的关联。上面这个人的知识和技能之间几乎没有任何明显关联，很难想象他在职场中会有很强的竞争力。

科学的知识和技能体系是什么样的呢？把技能 A 做到顶尖，同时与 A 关联紧密的另一门知识 B 也很了解，而与 B 相关的技能 C 也具备……如此关联下去，就是非常合理的体系了。

比如一个销售人员。

项目	
管理学	
沟通和协调	
公司业务运作	
产品相关技术	
公司产品	
销售技巧	
行业理解	
市场和经济情况	
制作方案	

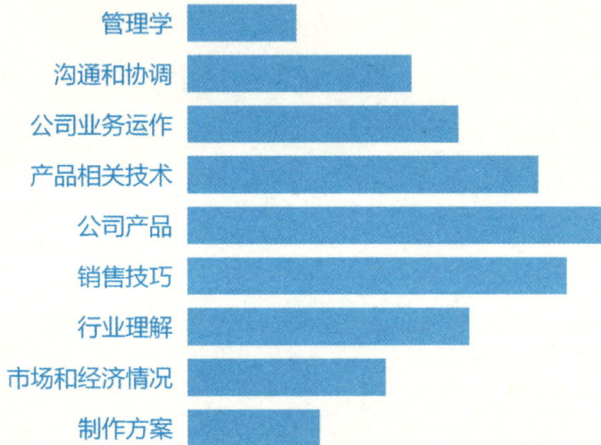

图上的内容比较宽泛，如果你是销售人员，可以试着把它细化。

再比如一个程序员。

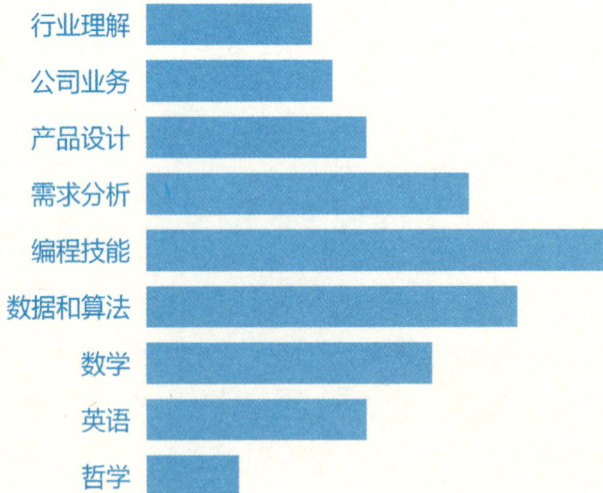

项目	
行业理解	
公司业务	
产品设计	
需求分析	
编程技能	
数据和算法	
数学	
英语	
哲学	

我不是码农，大家随便看看，明白我想表达什么就行。

现在，大家应该对"什么样的知识和技能体系才是好的"这个问题有答案了吧。

有了这样的知识和技能体系，在应对变化的时候，就会非常灵活。即使有一天你研究的重心变了，也可以相对平稳地切换，而不是动不动就 Reset（重置），那对自己的发展没什么好处。

怎么构建适合自己的体系

步骤很简单，跟着我来，有笔的话，边看边做。

1. 列一份自己当前的知识和技能体系列表，按上面那些图的样式画出来。

你现在所掌握的知识和技能有哪些，特别是硬技能？都列出来吧。你或许会发现，自己的知识面远不如自己想象的那么宽，也并不聚焦。不用伤心，大多数人都这样，至少现在发现还有机会改变。

2. 确定自己的目标。

这个目标是你未来发展的方向，接下来要根据这个方向规划以后的学习和训练计划。

3. 想一想为了达成这个目标，需要哪些知识和技能。

不用多，一到两个最重要的即可。比如销售人员要懂得销售技巧和业务知识，设计师要懂得平面设计和相关软件操作。

4. 围绕这一两个技能，列出相关的延伸技能。顺便考虑一下这些技能需要达到的程度。

假设技能的熟练值为：精通 ＞ 熟练 ＞ 掌握 ＞ 熟悉 ＞ 了解。那么，最重要的一两个一定是"精通"，与它们关联最密切的技能一般是"熟练"，与熟练技能相关的可以是"掌握"……一直到某些知识或技能只需要"了解"就足够了。记得不要列太多，如果一项知识或技能可有可无，就不要放上去了。

5. 整理成 T 型图，看自己是否满意。

第一次一定会有偏差，不满意就再调整。做任何规划都一样，不要陷入"完美"的陷阱，只要觉得差不多就可以开始做了。要认识到，这份表只是咱们后续学习和训练的一个指导。计划没有变化快，追求完美规划是没有意义的。

6. 做。

比起实际去做，做规划简直太简单了。

经过以上步骤，我们差不多就能确定自己未来努力的方向了。以后，无论是在两本书之间犹豫的时候，还是在确定是否接一个新任务的时候，选择都变得容易多了。

　　当然，这里做的这个规划是非常简单的，如果需要更详细的计划，还有很多事情要做。

　　认识到自己的不足和努力的方向，虽然什么时候都不晚，但总归是越早越好，不是吗？

四、阅读和思考的关系

我的阅读量并不算大，一年能看二三十本书就了不起了，比起动辄一年读几百本书的大牛，实在自愧不如，读书笔记什么的，就更写得少。以我浅薄的阅读经验来看，阅读和思考是一种良性循环的关系。孔子云"学而不思则罔，思而不学则殆"，说的就是这个道理。一边阅读一边思考，才是正确的学习"姿势"。

之所以说它们是良性循环的关系，是因为阅读的本质是为了帮助我们更好地思考，而思考又能帮助我们更好地阅读，最终在边读边想的过程中，不知不觉就变得更厉害了。

阅读是为了更好地思考

有人说，并非所有的文字都是用来思考的。我其实不太同意这种观点，在我看来，任何有意义的文字都可以让我们思考。

要知道，不管是一本书还是一篇文章，都是作者用来表达观点的工具。议论文的本质就是陈述并论证观点，能够引导读者思考，这一点应该没人有异议，但很多人会觉得一些文艺作品是没有观点的，比如小说和诗歌。那么，我想让大家设想一下，如果没有什么想要表达的东西，你会趴在泛着油光的键盘前费力地码字，直到心力交瘁吗？

一个作家想要写东西，必然是有表达的需求和欲望。写出来的或许是一篇小说，用来展现自己的三观；或许是一则人生寓言，用来说明一个道理；或许是一段诗歌，用来感染读者的情绪。无论是什么，写的人都希望读的人了解他想要表达的东西，这就是观点，一种广义的、客观存在的观点。我们在读这些作品的时候，只要我们愿意，就可以感受到作者的观点或情绪。也许 1000 个人心目中有 1000 个哈姆雷特，但毫无疑问，我们总能开始思考。

还有人说，人们有些时候并不是为了思考而阅读。但我要说，阅读的意义就在于引发我们的思考，不动脑筋的阅读，只能称为消遣。

事实上，这种消遣的行为已经逐渐取代了真正的阅读。在办公室里握着鼠标开着小窗看无营养的网文的时候，在地铁罐里被挤成沙丁鱼还在滑动当天热点新闻的时候，在半夜里辗转难眠爬起来点开购物推荐的时候，在下班后躺在床上百无聊赖地刷着论坛微博的时候，我们就是在消遣。消遣的一个主要特征是，那些文字不会在你的生命和脑袋里留下任何东西，在你看完它们一个小时之后，你就什么都想不起来了。

我并不是批判消遣这种行为，人总是需要一些无聊的消遣和娱乐的，但如果把消遣时看的文字当成阅读量，那就别怪那些读书人笑你了。

而阅读——我是说真正意义上的阅读——才让那些按照一定规则排列起来的文字有了意义。比如，我们在读文学作品的时候，不思考人物的背景，不思考整个故事的脉络，就难以代入其中，更不可能产生什么感情共鸣，也就无法理解作者想要表达的东西。同理，一份分析报告，如果不思考，就无法跟大脑中已有的知识和信息连接起来，那它就只是一沓印满了数字的废纸而已。看完小说没共鸣，读完报告没印象，看完文章不理解，那阅读对我们来说除了消遣，还有什么意义呢？

所以说，思考才是阅读的最终目的。人追求的目标通常是使自己变得更符合自己的期望，深思熟虑并身体力行是实现这个目标的唯一途径。虽说知易行难，但若连"知"都不知，又怎么能"行"呢？思考能让我们变得更好，而阅读是促使我们思考的重要方法，也是成本最低的方法。

那么，碎片化阅读呢？虽然现在大家对碎片化阅读喊打喊杀，但我反而觉得，只要是能引起思考的阅读，就是好的。即便是碎片化的阅读，也比不阅读要好，只要读的人思考了，这些文字就起到了作用。思考是我们的主观行为，一部鸿篇巨制能让我们思考，一篇短小精悍的文章为什么就不能呢？

思考能帮助我们更好地阅读

思考的好处太多，这里仅从阅读的角度罗列一些。

首先，思考能让我们对文字的理解力更强

我们常常会觉得读书多的人相对比较"聪明"，看什么文章或听别人说什么很快就能懂，其实那只是因为他们思考得更多。而有些人，看了很多东西仍不明白，也记不住，就是因为没有思考。

思考是在大脑内建立知识体系的唯一方法。只有思考了，才能真正理解；理解了，才能加深记忆。思考得越多，对文字、术语、文法以及各种观点的熟悉程度就越高，理解起来就越容易，记起来也越快。所以，读得多了，就会发现自己越读越快。当阅读成了习惯，你就会发现，读一整本书再也不会像刚开始阅读的时候那样恐慌和焦虑了，简而言之，就是"会读书"了。

其次，思考能让我们读得更深入

思考本质上是一个提高信息利用率的手段。同样看一本书，大家接受的信息量是一样的，但每个人最终的收获肯定不一样，区别就在于思考的深度不同，导致对信息的利用率也不同。而思考得越多，收获也会越大，那本书也就买得越划算。

最后，思考让我们阅读的选择更多

阅读量越大，你就会发现自己越有分辨文字好坏的能力。比如一本烂书，翻几页就会知道作者是东拼西凑瞎编的；一些文字，大概浏览一下就知道是自己已经掌握的东西。这就证明你的阅读技能已经升级了，可以去读那些更高深的东西，不需要在这些"低龄"读物上浪费时间了。另外，随着思考时间和深度的增加，知识联想和内化的速度也会更快，你会发现自己可阅读的范围更广了，一些以前未曾涉足的领域，似乎也可以慢慢读懂了。

思考片刻

如何建立"思考—阅读"的良性循环?

步骤很简单,只有四步而已,坚持读十本好书可有小成,想要大成,就持续坚持下去吧。

了解观点

这在《如何阅读一本书》里讲得很清楚,推荐大家读一读。

评判观点

所谓尽信书不如无书,意思就是,书也是人写的,只要是人,就会犯错。那这本书里的观点,是对还是错呢?这些观点是作者在什么背景下形成的?我是不是认同作者的观点?他的思路有没有问题?这个故事有没有漏洞?如果我认同作者的观点,还有没有其他论证的方法?如果不认同,如何反驳?这些都是需要我们思考的问题。读一些批判性思维的书籍也许可以帮到大家。

形成观点

在搞定上一步之后,我们已经逐渐形成了对作者观点的看法,那我们自己的观点呢？这需要结合实际情况想一想。

输出观点

把自己的观点输出，是最重要也最有效的一步。输出的方法有很多，前面也介绍过不少，这里说说比较常用的一个，就是做读书笔记。

做读书笔记确实是促进思考的一个好方法，不过很多人只是"用笔来记"而已，这显然起不到什么作用，只能称为"摘要"，最好的结果就是有了一本写满"金句"的笔记本而已。

还是那句话，摘抄谁都会，但思考很少有人肯下这个功夫。你总结了一些"金句"，那你有没有想过，这些句子是不是作者的观点？是不是论证的要点？对于这些句子，你有什么意见和想法？好好想想这些，再做读书笔记的时候，就能先想好再下笔了。如此一来，这篇读书笔记就不再是一篇简单的、流水账式的阅读记录，而是一篇有思想沉淀的文章。读书笔记并不是必须做的，比如这篇文章，你看完了，理解了，记住了"阅读要思考"这五个字，就足够了，还做什么笔记呢？

还有很多输出观点的方法，比如做个导图，把作者的主要观点和论证过程写出来，方便以后时不时回顾一下，或者写评论文章，把你对某本书、某篇文章、某部电影的看法告诉别人，都是有效的输出方法。重要的不是选择什么方式，输出只是逼自己将思考成果整理成形，重点还是要思考。

忘了谁说的，读一本书，就是把书读薄，再读厚，再读薄，如此反复而已。其实，这就是一个边读边思考的过程。

五、思考的技术

以前，我常常为自己思考能力太差而焦虑，直到读了大前研一的《思考的技术》这本书才有所缓解，因为这本书讲了一个让我可以安心的道理：思考是一项技术，并且可以通过训练提高。

作为一个人，我们必须拥有求知的态度，否则，这本书不读也罢。常听有些人抱怨不知该如何提升自己的能力，在我看来，无非就是缺少这种求知的态度而已。

思考的谬误

许多人会把假设和结论混为一谈。比如我们写一个方案，说："目前行业竞争激烈，因此客户必须进一步降低成本。"这句话里，"行业竞争激烈"就是一个假设。什么代表了竞争激烈？是从业者过多？还是价格战激烈？读者或许并不明白，甚至并不认同，因此我们必须让每一个论证、每一句话都有据可查。假如我们只是把资料分析整理了一下，就把结果当作结论的话，就是缺少了认真思考、认真论证的过程，这对解决问题毫无帮助。

另外，在需要解决某个问题的时候，我们常常会看到许多现象，比如利润下滑、员工流失等，这时候我们容易犯的一个错误是把现象当成问题。

要知道，现象只是问题的呈现，真正的问题往往隐藏在这些现象中，所以我们必须更加深入地挖掘这些现象产生的原因，不断地去问"为什么"，才有办法找到那个深层次的原因。这个原因，才是我们需要去解决的问题，而这个问题通常只有一个。

也正是因为如此，全方位努力的想法是错误的。事实上，任何一家企业或个人都是没有办法进行全面的努力的，我们只需要解决最根本的那个问题就足够了。

想要解决一个问题，首要的就是要弄清事实。实际上，解决问题最科学的方法，就是按照"科学的方法"来做：提出假设——搜集证据——验证假设——得出结论。所谓逻辑思维，其基础就在于尊重事实，根据事实进行推论。掌握的事实越多，得出的结论就越正确。任何问题都有解决方案，只要不怕辛苦去搜集需要的信息，然后不断地提出假设并进行验证就可以了。

在商业提案中容易被忽视的关键点

按观众能理解的顺序讲：要知道，观众的思考路径也许跟我们并不一样，所以，在面对不同类型的观众时，往往需要采取不同的讲法。

熟记内容：不断地练习，将内容烂熟于胸，在做提案时，便可挥洒自如，也有助于不断完善自己的观点。

验证结论：记得时时验证自己的结论，让结论以事实为依据，经得住推敲和猛烈的抨击。

一个建议就够了：简而言之，就是避免上面讲到的进行"全方位的努力"。一个靠谱的建议比十个泛泛而谈的建议更有力量，更容易让客户接受。

结论先行：这是商务提案的重要原则，一再强调也不过分。

如何提高思考的技术

方法很简单，只要不断地思考就行了。君不见那些伟大的哲学家，不就是吃饱了没事干天天想事嘛。而要保持高频率长时间的思考，就要下些功夫了，比如：

注重自我投资、自我升值：这个没什么好说的，不断地学习和思考本身就是一种投资，所付出的成本不过是原本用来看肥皂剧、看烂电影、无意义地闲聊或者发呆的时间而已。

保持生活的简单：这样，我们才更容易保持专注。说起来，思考这件事跟婚姻是一样的，鸡毛蒜皮的事多了，也就难以为继了。大前研一为了不用考虑买鞋这样的琐事，鞋子都是一次买很多双一模一样的。

平日注意进行知识和信息的储备：这是求知欲最直接的体现。试着解决一个问题的时候，发现自己压根不了解关于这个问题的任何背景信息，这样的体验，相信各位都有过。一个脑袋空空的人，往往想无可想。假如平时就很注意对周围的观察和信息的收集，当有问题出现的时候，解决起来就轻松很多。另外，知识的联结作用也可以让我们产生许许多多好想法。

试着找一个跟自己唱对台戏的人：反对者会让自己变得更好。让自己处于同类人构成的群体中时，就会失去训练自己解决问题的机会。从这个角度讲，对组织来说，排除异己这样的行为是非常危险的。

试着接触不同的东西：不一样的东西能够充分刺激自己的思维。许多抱怨工作和生活无聊的朋友，可以试着用不同的方式工作，或者提醒自己不要过永远重复的生活，这样，想法也会慢慢变得与众不同。

不断对自己提出疑问：推动自己不停地思考，这才是主动训练的最好方式。思考没有什么场合的限制，在不方便做其他事情的情况下，思考是最好的选择。

保持一定的紧张感：放松的思考往往会让人难以投入，导致思考质量低下。大家可以回想一下，在紧迫的情况下，单位时间内工作的效率和质量都比放松状态下高得多，就是这个道理。

希望这节内容能帮助那些像我以前一样为"思考能力"这件事焦虑的朋友，提醒自己时时进行思考能力的训练，这样的训练会让我们获得难以想象的收益。

六、一个简单的训练思考能力的方法

许多人对思考并不熟练，遇到问题的时候，通常是闷头苦想，但脑子里一直是一团糨糊，怎么也理不出个头绪来，更不用说在极短的时间内找到问题的本质，想到解决的办法了。

思考是一种能力，既然是能力，就是需要训练的，也是可以通过训练提高的。不过，对一个平时很少思考的普通人来说，开始进行思考本身就是一件非常困难的事，所谓思考训练，也很容易就变成了"瞎想"时间。我在这里给大家介绍一个方法，简单到人人都会，极具实践性，我相信大部分朋友都会不吝花几分钟时间尝试一下，这个方法来自《零秒思考》这本书。

方法非常简单：

每天找一些 A4 纸，在第一张纸上把自己脑子里的某个想法写下来，作为标题，接着用一分钟时间围绕这个标题写四到六行关于这个标题的想法，然后开始写第二张纸。

够简单吧。看个例子就更明白了。

项目执行不顺利的可能原因：

- 上线时间紧，产品和流程存在较多问题；

- 整个项目的重点不突出，各方没有统一认识；

- 产品在当地推广不力，客户认知度不高；

- 对合作方的培训和宣导不够；

- 产品对客户的吸引力不够大。

看起来这似乎与我们熟知的头脑风暴或是做思维导图没什么区别，但这个方法比较特别的原因就是，它并不是一种解决问题的手段，而是一种训练思考能力的方法。

假如能坚持每天都这样写几张纸的话，长期累积下来，至少有以下几个好处：

- 将头脑中模糊的想法变成语言，会让想法更清晰。

- 用文字带动思考，启发思考。

- 发现自己真实的想法。

- 发现问题的本质，说不定还能顺便找到解决方案。

- 锻炼表达能力。要知道，写作是最精确的表达方式。

- 更有效地思考。因为有了主题的限制，避免了无限制的思维跳跃，也能围绕主题进行更深入的思考。

- 抒发情绪。有位同事爱写日记，说是有不开心的事，写出来心情就好了很多，道理是一样的。

- 在短时间内激发思考，久而久之熟能生巧，最终达到"零秒思考"的境界。

另外，还有一些值得说的注意点。

多花时间并不意味着深入思考

记得有一次，我要做一个方案，最初没有给 Deadline，于是我"思考"了好几天，但突然领导要我交货，已经下班的我只好蜷缩在家加班。压力之下，我三个小时就给出了一份质量相当不错且跟之前的"思考"没什么关系的方案。这个悲伤的故事生动地说明了这个道理。

想到什么就写什么

说起来，这个 A4 纸笔记法颇有些"自由写作"的味道。把脑子里第一个蹦出来的想法写下来，不用考虑逻辑，也无须纠结遣词造句，写着写着，真实的、有价值的想法就浮现出来了。事实上，脑子里第一个想法往往是比较重要的想法。

坚持写

既然是训练，就要坚持才行。脑子越用越灵，写得也就越来越快。这跟每周写一篇文章来锻炼文笔和思考能力是一样的道理，只不过这种方法更简单易行，效率也比较高，特别是对平时较少进行深入思考、较少用文字表达想法的朋友尤其有用。

用什么工具来写

无论是时间管理、读书还是写作，我都觉得工具并不重要，重点在于"开始，并坚持下去"。所以，用什么工具来实践这个方法，看各人习惯和喜好吧，我相信每个人最终都能找到最适合自己的方式。

不要忘了时间限制

如果没有时间限制，人们很容易陷入无穷无尽的思考中而迟迟不动笔，用一分钟的时间限制来促使人们短时间内集中精力确实非常有效。

深入挖掘一个想法

一个主题下面会写几行想法，这些想法同时也可以变成另一个主题，继续深入挖掘下去，这不就是我们追求的"深入思考"了吗？

发现和建立逻辑

同上，从一个想法出发，逐步延伸，你会得到一张有逻辑的（无论是什么逻辑）"思维导图"，这一点很像"金字塔原理"。

从多个角度思考一个主题

可以尝试着从不同的角度去思考一个主题，这有利于培养全面思考、换位思考和批判性思考的能力。

回顾很重要

回顾似乎在任何提高能力的实践方面都是有效的方式，这个方法也一样。通过回顾，人们会看到自己思考角度和方式的变化，可以总结一些常常出现的问题和自己的想法，可以印证自己先前的想法是否正确，诸如此类。

总之，这个方法很简单，实践起来也简单。我相信这个方法确实会有效果，至于效果如何，当然取决于每个人的态度和时间。但无论如何，我认为是值得一试的。

任何改变都是从很小的一次尝试开始的，对吧？

七、松鼠症

什么是松鼠症

有些人会像松鼠一样，拼命囤积资源，但跟松鼠不同的是，这些资源存到电脑里以后，几乎从来没有被使用过。这样的人，我们称为有"松鼠症"。

考虑到"知识管理"的原则，我会把所有需要阅读或备忘的资料放到一个笔记软件里，这样就不需要考虑"什么资料在什么地方"这个问题了。我甚至花费了不少精力去研究哪个软件用户体验最好、编辑器最好用、同步更快、支持平台足够多，以及导出格式的兼容性好不好之类的问题。

后来终于确定了一个软件，在接下来的日子里，信息的收集体验是极其美妙的。

每当我在网上看到值得阅读而当下又没有耐心阅读的文章时，就用浏览器插件直接转存到笔记软件里。每天，我还会抽几分钟时间，把当天更新的文章过一遍，找到自己感兴趣的标题，点开文章，直接分享到笔记软件里。

每隔一两天，我会在软件的 PC 端把这几天收藏的文章分门别类地整理一番。有些看起来比较重要的文章，不仅划分到了相应的类别，还打了标签，以便需要的时候可以用不同的关键字找到它们。这样，我就可以不放过任何对自己有价值的信息，在有时间的时候，还可以集中精力进行"主题阅读"。读过的文章，没有深入思考价值的，可以直接删掉；需要反复阅读的，可以存档备用。

看着这些"知识"都"属于自己"的时候，我的内心是很欣慰的。

然而前些天，我实在受不了了，原因很简单：

收藏的太多，阅读的太少！

文章的数量已经突破 2000 篇了，而且以每天十几二十篇的速度增加，其中除了极少数用于备忘查阅的资料和自己记下的零零碎碎的 idea 之外，都是正经文章，这让我焦虑到不行。

于是，我算了一笔账：假设每篇文章需要花十分钟阅读，每小时可以读六篇，每天抽两个小时专门读这些文章的话，需要 166.666666666 天！

而且这还没考虑增量！

天哪！

在经历了短暂的内心崩溃之后，我冷静了下来，做出了一个困难的决定：删！

这是很合逻辑的。

既然这些文章存了这么久都没看，要么证明我实际上对它们没兴趣，要么证明我确实懒得要命，而无论理由是什么，结果都是没看。既然没看，而且以后也不会看，它们就只是存在硬盘里或云端的一些字节而已，既不是有用的信息，更不可能成为知识。

那我还留着它们干吗呢？

先从哪儿开始呢？

按常理推测，现在的文章都是转来转去的，而我收藏的时候往往没有细看或者忘记已经收藏过了，所以必定有重复的。按标题排个序，果不其然，找到了一些重复的文章。

看来至少有了一个好的开始。

接下来从一些"兴趣使然"收藏的文章下手好了，比如什么吃喝玩乐指南和教程啊，无病呻吟的文艺短篇啊，这些没什么营养的东西，网上随处都有，需要的时候再去找吧。

然后是一些清单类的，比如"要做的事""要看的电影""要读的书"，都理一遍，瞧一瞧是不是还符合自己现在的口味，不适合的删，适合的都整理成一个清单。

OK，现在数量已经缩减一些了，但还远远不够，而且容易的都搞定了，下面是一些看起来比较难决定的。

有不少文章是跟工作相关的，比如业界消息、新闻、分析、评论、专题报道等，我还指望这些东西帮自己升职加薪呢，删不删呢？

为了解决这个问题，我模拟了一下场景。由于现在的文章都是标题党，所以在阅读内容之前，我是不可能知道某篇文章的价值的，而一篇一篇点开来筛选的话，时间成本太高，所以只能根据标题以及收藏时间这两个条件来判断。

实践出真知，先看看标题吧。嗯，有一些当前工作的方向已经很少接触的细分领域，甚至还有不少只涉及临时项目的文章，这些对现在的我来说已经没用了。

再按时间排序看看。果然 IT 行业变化就是快，有不少以前轰动业界的事件，现在已被行内人淡忘，这些"过时"的消息和事后诸葛的评论，阅读的价值并不大。另外，假设我以后要开始每天阅读的话，出于时效性的考虑，我必然会从最新的文章开始，那么实际上，去年的文章几乎都不会有时间再去读了。既然不读，再精品的文章对我来说也没有价值。

所以，我先删掉了所有旧文，只保留今年的，然后删掉了与当前工作没有太大关系的。现在，文章的数量从 1000+ 减到了 100+。

可以松口气了。

但是还没完，还有一类丰富知识和提高技能的文章。这些文章在收藏的时候会让我产生一种"收藏了就是学会了"的臆想和快感，数量当然不会少。怎么办呢？

先看看分类好了。确实有不少是那种"这个技能我要是学会了就不得了啦"，但实际上不只现在，未来似乎也没机会去学习的东西，这些文章连同文件夹一起删掉好了。

还有包含文章最多的那个分类，往往只是自己的兴趣所在而已。说实话，很舍不得，不过为了集中精力学习和工作，还是删了吧。

还有一些科目，应该系统性地学习，而不是看一些零碎的文章来扫盲，那么干脆回头报个培训班或者找大部头的书来好好学。

还有那些网上随时查得到的，各个媒体平台整天推送的，内容重复度极高的，也没有必要留着。

就这样，越删越顺手。我突然发现，只要调整好心态，把"断舍离"的精神发挥出来，这些之前在自己眼中宝贵的资料似乎也没什么嘛！

最终，我花了两三个小时把以前"精挑细选"的文章清理了一番，现在它们的数量总算减少到一个看起来不那么令人焦虑的程度了。

早知如此，何必当初呢？

如何避免松鼠症

我们直入正题，先说建议：

- 控制信息源；
- 了解需求，识别有用的信息；
- 养成消化信息的习惯；
- 定期整理。

控制信息源

这是最重要的，所以我们多花点时间来说。

从邮件组、RSS 到现在的各种订阅号，我们似乎一直寄希望于别人把我们感兴趣的或对我们有用的信息"推送"过来，但事实上，我们需要的信息往往不是别人"推送"过来的，而是自己去发掘的。

这说明一个问题，就是我们通常并不知道自己到底需要什么信息，所以才本着"宁杀错，不放过"的原则，把所有"有可能"推送有用信息的源头都纳入囊中。然而，大多数推送过来的信息都是对自己无用的，这从微信公众平台公布的平均阅读率就看得出来。

对于某些"似乎有用"的信息，出于"免得需要的时候找不到"的心态，我们常常会选择先收藏起来（当然永远都不会去看）。而当我们需要某些信息的时候，却发现最有效的手段是打开 Google，而不是找自己的收藏夹，因为那个时候，我们完全知道自己想要什么。

所以，我们要做的是：只保留那些"精品"信息源。赶紧把那些无用消息比例过高、自己压根没精力去阅读、已经很久没有阅读欲望的订阅号删掉吧。

在挨个删除信息源的时候，你可能会想："会不会明天它就推送一个对我有用的信息呢？"这种害怕错过信息的心态属于信息恐惧，是信息焦虑症的一种类型。其实仔细想想，因为有了互联网，信息的传播不仅速度快了，范围也越来越广，这意味着只要你还跟这个社会有接触，就一定不会错过，所以放心吧。

了解需求，识别有用的信息

即便只留下了有限的信息源，也并不是每一条信息都有用，何况还有许多强行推送过来的垃圾，所以我们得充分锻炼自己识别信息的能力。上面已经说了，在没有需求的情况下，我们并不知道自己需要什么信息，所以为了把时间留给真正有用的信息，我们需要了解一下自己的需求，这样才不会被冗余信息困扰。

比如，我们希望对行业有更深的了解，那就只需要读评论类的文章，或者自己去研究行业内企业的公开资料；又比如，我们想了解最新的行业动态，那么订阅新闻类的消息源就够了。

另外，不要被标题迷惑，先简单浏览内文，觉得不对劲，直接跳过就好了。还是上面那句话，其实你不会错过真正有用的信息。

养成消化信息的习惯

从经验来看，真正的干货往往来自书籍，网络上的信息，除了一些正儿八经的分析报告，少有需要抽出时间仔细研究的。对于大多数文章，看个大概，了解一下作者的观点也就够了。那么实际上，每天只需要花不多的时间，就可以把推送的文章都读完并清理掉。

所以，为了避免消息累积到影响效率的程度，最好养成每天都把消息过一遍的习惯。可以"浅阅读"的，赶紧读完了事；

确实当时读不了的，可以先收藏起来，但千万别分类归档，把它们都放到一个地方。因为分类归档之后，会有一种"已经完事了"的错觉，以后再去读的概率就很小了，而放到同一个地方，可以让我们一直关注自己到底存了多少东西，这样才会有去阅读和整理的意愿。

定期整理

无论如何，总有一些信息会慢慢沉淀到你的笔记里，这就需要我们定期对"收藏夹"进行整理。整理的意思并不是让你把一篇文章从一个文件夹移到另一个文件夹，而是认真地阅读。

你当时保留这些信息，必然认为它们是有用的，既然是有用的，为什么不赶紧去读呢？道理就是这么简单，所以我们需要：

- 确保认真阅读了所有信息；
- 清理那些读过但没必要保留的信息；
- 对需要保留备查的信息分类归档。

这必然要花掉一些时间，但至少我们掌握了有用的信息，同时也减少了信息积压的焦虑，所以是非常必要的。建议最好一周整理一次。

最后再强调一句，不读的信息就是没用的信息，赶紧删了吧。

八、学会分享知识

常常看到一些人不愿意与别人分享自己的知识，这当中不乏一些好学向上的人。这让我感到很奇怪，因为分享不仅是一件令人愉悦的事，也能让自己变得更好，同时对整个社会也有益，这么好的事，何乐而不为呢？

后来，我问了其中一些人，总结了一下他们不愿分享的原因，想想自己，确实也曾有过类似的犹豫。所以，我想在这里跟大家聊聊关于分享的一些事情，希望我们能一起解决这些问题。

分享意味着责任

对外分享的时候，很难受的一点是，有时候会有些"傻缺"跑来告诉你，你说的那啥啥啥不对，我照着做，结果不行，你得负责。我想这对任何人来说都是很郁闷的事，结果就是为了避免责任感带来的压力，分享的意愿逐步降低。

对周围人产生影响是人们对外分享的初衷。作为分享者，我们必须认识到，我们自己是很难控制这种影响力的，读者或听众受到的影响往往取决于他们自身的情况。比如说，用同一种方式向不同价值观的人分享观点，有时候会获得赞同，有时候只会引起轻蔑一笑。

因此，责任什么的，其实是我们强加给自己的枷锁。分享不是教育，分享只是表明自己的观点和想法而已，并不是为了争个是非对错，我姑且说之，你姑且听之，这样就行了。至于我说得对不对，你要不要照着做，每个人都有自己的判断，也都会做出自己的反应，分享的人就别瞎操心了。

当然，作为分享者，也应该在分享之前认真思考，想想自己说的有没有道理，如果说得对，又对别人产生了好的影响，那才是皆大欢喜。

有降低自身重要性的风险

读书的时候，你拿着难题去问某个得了满分的朋友，他或许会说：哎呀，这题我也不会啊。什么？我得了满分？不可能吧，我是蒙的啊，要不就是老师改错了吧。工作的时候，也会有些人，喜欢将自己知道的东西私藏，还美其名曰"职场竞争力"。这类人的想法是：如果我把我会的告诉了别人，别人也就会了，那样就显不出我来了。

这类人是很难改变的，所以我也没指望本节内容能起什么作用。不过，本着认真的态度，我还是花些篇幅来分析一下这种想法的谬误之处。

首先，你怎么知道你分享了，别人就会了呢？要知道，知识的传播并没有那么高效。比如，一个没写过方案的人，是不可能看了几篇教程就能立刻写出一份不错的方案的。知识的累积和能力的提高从来都不是一朝一夕的事，总是要靠勤学苦练才能真正得到提升。而那种一学就会的诀窍，本身价值就不会很大，你今天不说，改天人家也会从其他地方知道，何不卖个人情呢？

其次，你怎么知道你分享了，就显不出你来了呢？分享是一个输出的过程，这个过程可不像扯淡聊天那么容易，你得总结经验，厘清思路，再想办法用合适的方式表达出来。这本身就是一个学习和提高的过程。一个经常分享的人，必然会是一个经常思考的人；一个经常思考的人，走到哪里会不突出呢？退一万步讲，你分享的别人学会了，那说明你思考得足够深入，表达得足够浅显易懂，这个时候，你已经比别人强很多了。所以，可以说，分享也是一种能力。

输出是很困难的

上面已经说过了，分享是一个输出的过程。有些朋友是有分享意愿的，但总觉得输出是一件困难的事，一是麻烦，二是不会。

先说"麻烦"这一点。分享当然比啥也不干要麻烦一些，但现在分享的方式有很多，正式的比如写文章、开讲座等，这些确实比较麻烦。也有一些不麻烦的、非正式的分享，比如看到同事为某个小问题头疼，而你恰好知道答案，不妨顺口说出来，既帮了同事，也做了一个小小的分享。聊天的时候，大家围绕某个话题聊得比较深，也是分享。所以，嫌分享麻烦的朋友们，不妨先试着从不麻烦的开始，等享受到了分享的好处，再尝试着开始更"麻烦"的分享。

再说"不会"的问题。其实分享是很简单的，不存在什么会不会的问题。说话写字都会吧，把你知道的说出来、写出来，就是分享了。当然，分享得好不好，要看能力，但能力是可以通过训练提高的。觉得不会说就多说，觉得不会写就多写，每次分享完，再总结一下，下次改善，久而久之就会了。

没有实际利益

如果这个利益指的是经济利益，那分享确实毫无利益可言。如果收钱，那就不是分享，而是一门生意了。但分享可以给我们带来许多其他的好处。

首先，分享能促使我们思考，让我们的知识体系更完善，知识结构更牢固，这是一个效率极高的学习和巩固的方法，值得所有正在努力提高的朋友尝试。

其次，分享会让人得到各种心理满足。这视个人性格而定，有人得到的是满足感，有人得到的是优越感。

再次，分享不仅不会降低你的重要程度，反而会让大家注意到你，这往往会带给你很多意想不到的好处。作为同事，你的分享会让你得到其他同事的友情，让工作关系更顺滑；作为下属，你的分享会让上司知道你是个有能力的人，或许下一次升职你就占了优势；作为领导，你的分享会帮助下属更快地成长，让自己更轻松；作为家人，你的分享会让家人知道你平时都在忙什么、想什么，让家庭关系更和睦；作为陌生人，你的分享会影响很多人，帮助很多人，你也会认识很多人，这会让你比别人有更多的阅历和机遇。最后，分享会产生思想的碰撞，会产生更大的火花，最终让更多的人受益，是典型的多赢。

害怕被耻笑

最后这一点，恐怕是最多人碰到的情况。我们往往会在分享之前想得太多：我说的到底对不对啊？别人会不会挑我的毛病啊？会不会笑话我吃饱了撑的啊？

会想到这些是正常的，我也常常这么想，每次写文发文之前都有心理斗争。这时候就要回到第一个问题上了，就是：我说我的，你爱听不听吧。大家也可以想想，像我文笔这么差的人都还坚持写东西，你们有什么理由退缩呢？

其实，我们也可以把这看作让自己的内心和能力更强大的考验。如果怕自己说错，那就多学习，让自己分享的都尽量正确；如果怕别人挑毛病，那就让自己的观点更清晰，逻辑更严密，论证更充分……

最后，真心希望大家能动起嘴来，拿起笔来，把自己的观点、自己的知识分享给他人，对人对己都是很好的。

Chapter 04

第四章

职场时间：

如何让工作越忙越有效率？

时间管理不过是为了达成某个目的而采取的一种手段而已，但条条大路通罗马，对个人而言，没有最好的手段，只有最适合的手段。如何设置清单、如何回顾、如何遵循事务处理流程……都只是"术"而已。

对我来说，摆脱繁忙的方法很简单，只有四条，分别是：

- 过滤事务；
- 授权他人；
- 合理安排；
- 提高效率。

一、如何正确地对待工作

工匠思维

我们身边常常会存在这样的论调，就是鼓励大家"追寻自己内心的激情"，也确实有不少朋友发觉自己对某件事有热情、有激情、有梦想，就毅然放下一切，勇敢地去追求了。不过，检索一下成功案例，我们只能认为单纯追寻激情进行选择（特别是职业选择）的风险极高。

道理很简单。虽然成功依赖很多条件，比如天赋、环境、运气、背景等，但一个人如果希望有所成就，"把事情做好"一定是一个不可或缺的条件，或者可以说，是先决条件。你把一件事情做好，就会产生正向反馈，这会驱使你做得越来越好，最终才有机会和余力去选择自己想做的事情。

而倾向于追寻内心激情的人，在进行职业选择的时候，通常会面临一个很大的问题：你所倾心的事未必是你擅长的事，而拥有激情也并不等于能够把事情做好。我们知道，做自己不擅长的事，失败的概率很高，那么有多少人能在持续的挫败感中坚持下去呢？

至于"有许多人之所以成功，就是因为追寻了自己的梦想"这类质疑，我在这里说一个离咱们近的例子。

比如网红，我相信大多数网红一开始并不是抱着"我一定要当个网红"这样的信念来为大家奉献作品的，相反，一开始往往是出于无聊、兴趣或赚点零花钱这样的动机，然后慢慢发现自己挺擅长这件事，"比别人做得更好"这种情况带来了成就感，成就感让他们不断精进，最终慢慢将兴趣变成了职业。如果做得不好，结果就刚好相反。假如你常看一些综艺节目的话，会发现不少已经失去激情的通告艺人就是如此。

而假如你有一些能力，却不够优秀，一旦过早跳入心存激情的领域，最多也就是做得马马虎虎。这种情况下，时有时无的少许成就感会一直与三天两头的失望感进行对抗，结果就是一直在纠结和焦虑（我们周围的很多人都是这样的）。

　　单纯地追寻激情还有不少问题，而且这些问题并不会因为你立刻付诸行动就消失了，相反，情况只会变得更糟。

　　比如，如果一个人对某项事业充满了热情，就会产生完美的幻想，诸如"假如我能从事这份工作，整个世界的颜色都更明亮了"之类，这会让他对所有相关人和事的要求变得不现实。我们都知道，这世上没有完美的工作、完美的老板、完美的客户、完美的办公电脑……而"完美幻想"会导致这些"不完美"被进一步放大，当事人很难接受这样的现实，便陷入了长期不幸福的状态。

　　另外，"激情"这个东西是靠不住的。首先，它并不清晰，大多数时候，你很难去具体描述自己到底要干什么或想要什么；其次，人是善变的，我可以今天喜欢篮球，明天喜欢足球，这很常见。那么，追寻梦想的人就很容易陷入"寻找自己真正热爱（或适合自己）的工作——尝试失败——焦虑——自我怀疑"这样的恶性循环。而且，你不觉得这种企图靠不断寻找来获得所谓"满意工作"的赌博态度本质上是一种不劳而获的心理吗？

　　因此，结论是，如果你对一件事有激情，那很好，但它并不是让你进步的驱动力，所以请先把它抛到一旁，暂时搁置也好，当作兴趣也好，都不重要。"眼前的工作"才是你需要关注的，因为这条路是清晰的，不会让你陷入难以给出准确答案的泥潭。

当你开始着力于把眼前的工作做好时，你才有可能累积足够的"职场资本"，依靠这些资本，未来你才会有更多的选择和机会，才更有可能找到（或者创造）真正的"令人满意的工作"。

而为了做得更好，我们就得树立"以产出为中心"的职业观，即所谓的"工匠思维"。也就是说，你做的事得能为你的同事、你的组织、你的行业甚至整个世界带来价值。你做的事情是有价值的，自然就能得到正向反馈，这会让你最终爱上你的工作。

不过，这并不意味着我们就不能换工作了。只是说，我们换工作的理由不应该是"我想追寻自己的梦想"或者"这份工作不适合我"，而应该是：

1. 难以培养和训练高价值的能力，比如长期从事重复性的低附加值劳动；

2. 客观分析后，确定工作无法为他人或社会带来价值，比如某些混日子的组织；

3. 非常讨厌现在的同事。

那么，如何把工作做得更好呢？

这个道理讲了千万遍，就是刻意练习。至于怎么练习才能达到优秀，已经有不少理论了，比如10000小时理论、走出舒适区理论等，这里咱们就不细聊了。

除了这些，还有一些值得大家参考的方法：

1.看看市场需求：想跳槽的话，看看目标职位的招聘广告；想升职的话，直接问问自己的上司希望自己做到什么样就可以了。

2.认识自己：看看自己现下是个什么情况。

3.选择需要训练的能力。

4.练习再练习：就是"练习——获得反馈——再次练习"的过程，想象一下训练肌肉的感觉。

5.保持耐性：问问自己愿意为"优秀"奋斗多少年。

大海航行靠舵手，但人人都想当船长，谁不知道当老大爽呢？但拥有自主力的前提是要有足够的资本，这个资本需要我们自己创造价值去交换。所以，下回再想为激情冒险的时候，先问问自己，别人是否愿意为你做的事埋单？

在开始做事之前

说起做工作，我发现许多朋友，特别是工作经验较少的年轻朋友，常常是一听到命令就立刻投入工作，风风火火效率极高，却总是一遍又一遍地被打回重做，直到筋疲力尽都交不了差，最后老板和自己都心灰意冷，大家草草了事拉倒。

这些朋友在做事的时候，你要是问他在做什么，他或许会回答说做个方案。要是再接着问，什么样的方案？他可能会回答，给客户的一个解决方案。你若是继续问，这个方案要解决客户的什么问题，怎么解决？他可能就支支吾吾答不上来了。所以，很多时候，工作做不好，是因为这些朋友根本不知道自己在做什么，他们只知道自己是在"做工作"。

一般的工作都会有一个衡量标准，如果没想过这些标准，我们就不知道最终要交付的是一个什么样的东西，不知道要做到什么程度才算完成。这种情况下，返工是必然的。所以，为了避免这种无意义的工作和无休止的返工，我们必须想好了再做。

什么叫"想好了"？简而言之，就是在着手之前，对这个工作的结果有一定的预见性，知道自己要的是个什么东西。比如，在跟客户谈判之前，就明确自己希望得到什么样的结果；做方案之前，就想象出方案成形后的大概样子；老板交代了任务，就得知道老板想要实现的目标。想好了这些再下手，才能事半功倍。

不需要想好了再做的工作也有，不过一般只有三种：一种是机械性劳动，完全不需要动脑子，比如流水线工人，只要会了，以后都不需要思考，只要动手就行了。还有一种是已经很熟练的工作，我们脑子里往往已经有了足够的知识储备，所以完全可以一边做一边想。最后一种是探索性工作，比如科学研究、设计、自己及周围人都完全陌生的领域的工作，这些工作要想也无从想起，不如先动手，再根据情况进行调整。

但日常的许多工作，都不是上面这三种，往往还是需要我们想一想的。如果没想好就去做，做得再"好"也是白搭。就像赛跑，你就算再快，跑错了路，也永远到不了目的地。有人说，工作做得好不如做得巧，其实意思是一样的。这个巧，其实就是找对路，抓住重点，找准需求。而要做到这一点，非得认认真真地思考不可。

如何思考？通用且有效的两个方法是自己思考和与人讨论。自己思考的方法因人而异，有人喜欢默默沉思，有人喜欢用导图辅助，有人喜欢边擦皮鞋边想事情……什么方法都可以尝试，找到适合自己的就好。

与人讨论也是促进思考的好办法。跟人讨论工作的时候，你必须集中精力去考虑问题，在一问一答或言辞交锋中，往往会有出人意料的收获。并且，讨论的一个额外好处是，与你对话的另一个人也得到了思考的机会。讨论的对象最好是需要这个工作成果的人，这样你可以更准确地把握需求方的想法。跟那些与这个工作有密切关联的同事讨论也是个好主意，他们可以让你的眼界开阔一些，不再局限于自己的一亩三分地。

那么，要花多少时间去思考？大体而言，花在思考上的时间越多，用在做事上的时间就会越少（当然，你不能只思考不做事，记得留出足够的执行时间）。

仅从某一次的工作来分析似乎很难证实这个结论，但如果我们把时间段拉长，再把我们所有要做的工作都容纳进来，从整体上来看的话，事实确实如此。最主要的原因是，我们在思考工作的时候，不会只思考目前手头的事情。随着商业的发展，个人分工虽然细化了，但组织仍然是一个整体，组织产生的工作也是互相关联的。我们思考得越多、越深入，对整体的理解就越透彻，做事就会越来越得心应手。这时候，思考带来的效益就不可忽视了。

综上所述，我强烈建议朋友们在接到工作任务之后，花些时间好好想一想"我到底要做什么"，这个问题至关重要。

二、摆脱繁忙

　　希望本节内容能够帮助那些繁忙的职场人士改善工作状况。另外，虽然这些内容也适用于生活场景，但我建议还是随意些吧，别让强迫症和偏执毁了充满不确定性的、丰富多彩的生活。

　　我开始接触时间管理是在 2007 年、2008 年前后，当时"时间管理"这个词还很时髦，刚刚开始伴随着移动互联网的风头流行起来。当时的我视时间管理为万能钥匙，也是 GTD 流派的忠实追随者。不过，接下来的几年，随着工作经验和时间管理实践经验的累积，我开始逐渐正视时间管理，相关的理念、方法和工具也都发生了巨大的变化。最近两年，我甚至开始觉得，时间管理对大多数人来说实际上是一个伪命题。越来越臃肿的列表和越来越复杂的流程只能让人们觉得自己把事情做得更好了，但实际结果没有丝毫改观，甚至变得更糟。最终，时间管理在越来越鸡汤化的过程中，变成了无为青年的安慰剂。

其实说到底，时间管理不过是为了达成某个目的而采取的一种手段而已，但条条大路通罗马，对个人而言，没有最好的手段，只有最适合的手段。如何设置清单、如何回顾、如何遵循事务处理流程……都只是"术"而已。既然觉得这些帮不了你，不如彻底抛开这些理论、方法、技巧和工具，忘记条条框框，仔细回想一下，你最初做时间管理的目的到底是什么呢？

对我来说，一直驱使我实践时间管理（如果我现在做的还算是时间管理的话）的理由很简单，就是"懒"。

跟我相熟的人知道，我是非常懒的，能躺着就绝不站着，能让别人代劳的我一定不做。有人说，人类社会的发展就是因为"懒"，我深表同意。那么，为了满足"懒"的需求，同时又要保证生活质量（其本质是让自己在未来"懒"得更舒服），就必须想个法子，做最少的事，有最多的产出，即在更短的时间内做更多能产生价值的事，简而言之，就是提高生产力。

弄明白了这一点，我才大彻大悟，后来几乎再也不看时间管理的相关文章了。同时我相信，这个终极目标也适用于大部分人，它才是时间管理的真谛啊，朋友们！于是，我根据多年的实践经验，为大家总结了提高生产力的方法。通常终极技能都是返璞归真的，所以这些方法也很简单，只有四条，分别是：

- 过滤事务；

- 授权他人；

- 合理安排；

- 提高效率。

过滤事务

人的时间和精力是有限的，把有限的生命投入到无限的工作中是最笨的行为，因为工作永远做不完，还有不少工作是毫无意义的。为了避免将宝贵的精力用到错误的地方，我们需要设置一个过滤器，用来筛选事务。这个过滤器是什么样子的？我也不知道，因为同一件事务对不同的人来说有不同的意义，大家根据自己的三观自行选择吧，不过前提是你得有基本的判断能力，也别太较真。

诚然，有时候在工作中，我们不得不做一些我们认为无意义的事，这时候偷懒应付一下也是个无奈的选择。而如果有人挑刺，那最好审视一下你们之间的目标是否有差异，想办法解决这个问题比花精力认认真真做无聊的工作更有意义。

过滤事务并不是鼓励大家逃避工作，而是为了形成一个职业发展的良性循环。如果可以将时间和精力集中到有价值的工作上，就有机会把相对重要的事情做好，后续就会有更多的资本和能力去挑战更具含金量的工作。长此以往，人的价值才能逐步体现，回报也会越来越高。如果任由自己淹没在一大堆不知所谓的事务中，最后只能伴随着这些工作平庸下去。

过滤是让我们不再瞎忙的第一步，也是最难的一步。有工作经验的人知道，即使有完美的沟通技巧和过硬的资历，在职场中拒绝别人也仍然要冒巨大的风险。但如果不懂得拒绝，就只能永远当个"努力的员工"和"亲切的同事"了。所以，对许多老好人来说，这一步需要的不是技巧，而是勇气。

授权他人

有时候，你不擅长或者无暇顾及某些事务，就要授权给别人去做。授权在这里指的是将责任归属于你的事务交给别人去做，你跟进结果。

授权并不一定都是上级安排工作给下属，很多时间管理理论提到的"甩猴子"就是指平级之间的互相"授权"。这听着有点像推诿或扯皮，但不同的是，事务的确是在推进的，只不过是按照你的计划在推进。

挑选合适的授权对象是非常重要的。合适的人能做得更快、更好，不合适的授权还不如自己搞定省心。这样，问题就来了：有时候，你的能力是所有人中最强的，所以要么忍受其他人的低效，要么想办法帮助他人，让他人也能做得又快又好。我当然建议后者，大家好才是真的好，千万不要被那种"教会徒弟，饿死师傅"的狭隘想法束缚。

另一个难题是不愿授权，总得把大小事务都抓在自己手里才安心。有时候，我觉得这是一种无能的表现。强将手下无弱兵，对于授权，你只需要做好跟进就足够了（GTD 流程里的"Wait"和"Review"就是干这个的）。列个表，写上啥事让谁去干，什么时候找那个人要结果，超级简单，对不对？如果你无论如何也没法放心把事情交给别人去做的话，一个选择是自己承受，别天天叫苦，另一个选择是去找个心理医生。

只要会授权，作为领导，工作可能会困难、会辛苦，却绝不会繁杂。总的来说，授权是一件可以让大家都变得更好的事情，为了让其他人按照自己预定的方向和结果行动，你得勇敢地与同事沟通，帮助并欢迎周围的人变得更强，放手并鼓励他人去做，勇于承担最终的后果。因此，你需要的不是别人给你的保证书，而是自信。

合理安排

有些事必须自己干，所以得学会安排自己的时间。这是时间管理的重点内容，也有太多相应的方法。有的提倡记录时间，找到自己最高效的时段，以便完成重要事务；有的建议每天设置几个任务，完成了就可以了；有的建议不分优先级，按照列表顺序，一个一个做；有的建议加上情景标签，按照不同情景一次性完成相关事务。具体怎么做？还是那句话，都试试，然后找到自己最喜欢的方式就行了。

另外，向大家推荐项目管理中的进度管理知识，这些知识对科学合理地安排事务极有帮助。安排事务是一个需要认真思考和规划的活，你得知道每一件事安排多少资源，前置条件是什么，约束条件是什么，用什么方法完成最合适，如何应对风险，如何衡量执行程度……好吧，安排事务最重要的，其实是"缜密"。

提高效率

如果效率提高了，做同一件工作所需要的时间就变少了。那么，为了提高效率，我们就必须提高自己的工作能力，这个道理简单到让人忽视。虽然仍然没有通用的方案，但这里有一些建议。

比如，可以统计一下你的工作内容是啥，重复最多的那些工作，想办法弄个通用的模板。另外，想办法提升工作技能，让自己能快速地、一次性地完成工作。举个例子，我的工作以做 PPT 方案最多，所以我会：（1）把一些常用的部分（章节、页面、元素等）做成通用模板，让其他方案都可以快速使用，能节省大量时间；（2）把时间投资在学习制作 PPT、练习写作等方面，让自己具备快速搞定方案的能力。

提高个人能力是最根本的也是一劳永逸的做法，你不会碰到任何约束和门槛，而且在后续的日子里，可以持续享受这项投资带来的好处，简直是最划算的买卖了。所需要的其实只有一点，就是努力。

更具体的技巧和工具，请根据个人情况自行选择。如果你确实做到了这四点，但仍然很忙，我想你的薪水和前景一定不错。既然这样，就安心干活吧。

三、避免加班

事实上，加班并不总是惹人讨厌的。

人们之所以讨厌加班，是因为加班的付出大于回报。这里的回报，不仅指物质回报（如薪水、福利等），也包括心理满足（如优越感、成就感）。假如回报大于付出，人们不仅不讨厌，甚至会喜欢加班。如果有一份工作，虽然常常要加班，但能给我们带来优厚的报酬、完成工作的喜悦、发自内心的自豪感，我相信，加不加班都不会是个问题。

另外，由于人们对资源交换的认知不同，对加班也会有不同的看法。公司付出金钱从员工这里购买的是时间（当然还有智力、精力和体力，但从加班的角度考虑，确实是以时间体现的），但每个员工对时间的价值有不一样的定义。比如同样是一个小时的私人时间，对大龄＋已婚＋有子女＋本地员工来说会更有价值。所以，我们时常发现，就算没有加班需求，也会有一群人下了班也不走，依然在公司兢兢业业地蹭网、蹭水、蹭空调。

因此，我们可以得出结论，加班与否并不重要，重要的是值不值得。如果你认为加班是值得的，那么恭喜你，你有一份好工作。而如果你讨厌加班，请接着往下看。

为什么要加那些讨厌的班

加班的原因通常来自个人和公司两方面。

个人的原因包括：

1. 总是拖延到下班时才做事（有这个问题的人，自己都心知肚明吧）。

拖延给职业发展带来了许多不利的影响，一个最直接的结果就是别人都下班了，而你在加班。但是，也别拿拖延症做挡箭牌，工作中的拖延只有两种情况：一种是因为工作无聊，打不起精神做事；另一种是嫌钱少，赌气不干活。其实这两者是一个问题，即工作的附加值不高。

2. 个人能力不足以胜任当前的岗位（看看同岗位的人是不是只有自己在加班）。

估计没几个人愿意承认自己能力不行，但这种情况其实很多。

要知道，在组织中，人们都倾向于上升到自己不能胜任的职位（彼得原理）。许多人在同一个岗位上很久了，却仍然感到压力很大，就是因为能力的限制，所以不得不用更多的时间来弥补效率的低下，事实上却让效率变得更低了，形成了难以打破的恶性循环。

公司的原因包括：

1. 安排了太多无价值的工作。

工作太多有两种情况：一种是工作是有价值的，这种情况多发生在公司初创时期或高速发展时期，人力资源难以支撑快速的扩张，致使每个人都要做大量的繁重工作。但这种情况下，人们不会有不满情绪，这是因为未来充满了挑战和机遇，也有较高的回报，如高薪或期权，大部分员工是喜欢这种加班的。另一种情况则完全相反。如果有人在一些烂公司待过，就会有这种经验：每天都在忙，但从来不知道做这些事到底有什么意义。这种情况通常是公司和上司也不知道该干什么，只好让自己装忙，让员工瞎忙。

2. 企业文化鼓励员工加班。

有些企业或领导认为，让员工乖乖地坐在电脑面前打字就等于在创造价值，因此催生出了这样一种企业文化：加班越多的人被认为是越努力工作的人，而越努力的人被认为是对公司做出贡献越多的人，即"长工作时间"="努力"="高生产力"。到了下班时间，每个人都绝望地浪费着公司的水电和自己的生命，却无法早点结束这无意义的等待。相信我，这种文化是极其错误的。

原因既然清楚了，解决方案就很明显了。

如何才能不加班

解决拖延症问题

对于工作无聊或者回报太低导致的拖延，调整一下自己的认知吧。工作迟早是要做的，拖到要占用自己的私人时间，不是更便宜公司了吗？其实，就算是一些看似无聊、附加值低的工作，也是可以想办法做得更好的。比如，前台的工作大概属于比较无聊的那类工作（不是不忙），但如果用心想想，会发现许多有挑战的内容：比如可以把其他部门的同事当作客户，想办法把各类报表文件做得更方便、更精美；比如许多杂务的处理流程有没有办法优化？比如如何能让所有员工在进出门口时感受到来自前台的关怀？比如接待来访客户的时候，怎样才能更专业？如果我们能认真对待，前台对我们来说还会是一个附加值低的岗位吗？这个道理放到其他岗位上也同样适用。要知道，你的工作永远是做给下一个老板看的。所以，别拖了，既然工作不难，就早早地、漂亮地干完，下班走人吧。

提升个人能力

想要比别人更强，只能比别人付出更多的努力，这世界上最让人有压力的事莫过于比你有天赋的人比你还努力。持续地提高工作能力，寻找更好的工作方法，会帮助你步入职场发展的良性循环。拿"因为加班，所以没时间去学习和提升自己"当作借口的朋友需要明白，虽然不努力会很轻松，但努力之后的回报也很值得。

尝试影响组织

对于公司原因造成的"不得不"加班，如果你是牛人且对自己的影响力有自信的话，完全可以想办法去影响组织，如果成功了，那可是功德无量啊！所以，有机会就试试吧，记得有点策略。

跳槽

这个道理太简单了，如果改变不了环境，就改变自己吧。树挪死，人挪活，你需要做的只是下定决心而已。事实上，包括前面提到的能力不足造成加班的情况，我也建议试试跳槽，不过是往下跳。别惊奇，"游刃有余"的工作状态无论是对公司还是个人来说都是最好的，这个观点在汤姆·狄马克（Tom DeMarco）的《最后期限》一书里讲得很有意思。

在实践以上建议之后，我相信，你很快就可以宣布："哈哈，不加班啦！"

劳逸结合

"忙"分很多种，有人是装忙，有人是瞎忙，有人是真忙。判断的标准很简单，就是过一段时间之后，看看忙的效果如何。

装忙的人，没有什么真正的业绩产出，自己也不会有任何提高；瞎忙的人，大多数时候做的是无用功，虽然有时会有产出，但产出的价值并不高，自己的提高也有限；真忙的人，不仅有业绩产出，自己的能力也提升很快。

装忙的人比较特异，比如天天在朋友圈晒加班，比如一到聚会就开始欢愉地跟大家抱怨自己有多忙。我常常能感受到这些人扑面而来的王霸之气，让他们继续高调地忙下去吧，我们就不要打扰他们了。

而瞎忙的人和真忙的人有一个共同点，就是确实要做很多事情。事务繁忙往往会让人非常焦虑，如果处理不得当，一不小心就会陷入恶性循环，更加苦不堪言。

来看看事情是怎么发生的。

先是有一些事务来了，特别是一些悬而未决、需要动脑子的事务，这些事务会让人产生压力，压力会驱使人们行动，从某种程度上来说，这是好事。但当压力大到一定程度的时候，情况就发生了变化。由于行动并不一定能让情况好转（特别是一些有时滞性的工作），为了缓解压力，人们就会自发地去找一些事情做。

这种行为的动机来自一种"自我安慰"的潜意识想法：我已经在很努力地做事了，所以情况一定会好转的，如果情况不好转，那应该就不是我的问题了。

这种潜意识的来源大概是"努力＝正确"的认知。人们用这种想法和行为试图缓解焦虑，却往往带来了更差的结果。做越多的事，就会遇到越多的决策，决策永远会增加人们的压力，更不用说那些"自找的事"常常对改变现状毫无帮助，意识到这一点又会进一步加重压力，直到最后陷入恶性循环，失败成了一种解脱。这个过程跟拖延是很像的，拖延症晚期的朋友们应该深有同感吧。

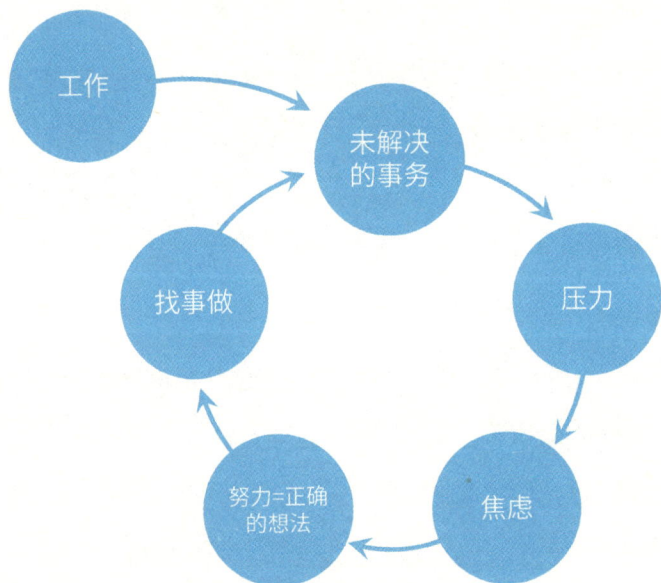

工作 → 未解决的事务 → 压力 → 焦虑 → 努力=正确的想法 → 找事做 →

至于解决办法，非常有效且简单易行，就是：停下来，休息。

人们常常说要"劳逸结合"，是很有道理的。

身体上的疲劳就不说了，无论是坐一整天办公室还是坐一整天头等舱，都一样不好受，而身体是革命的本钱，等腰椎、颈椎都坏掉的时候，就真的要找地方买一本《脊椎康复指南》了。

比起身体上的疲劳，思维上的疲劳是致命的。不知道大家有没有这种体验，如果一件工作不停地做上一天，整个人都会恍恍惚惚的，完全不会有刚开始的那种兴奋，更别提进入"流"

状态了。

更重要的是，没有机会抬起头来审视自己和环境的变化，忙到最后，发现路子不对，那才让人沮丧。

所以，越是忙，越是要提醒自己停下来，让自己不要再埋头于当下的工作，让脑子呼吸些新鲜空气，让身体放松，让思维从僵化重新变得活跃。

对于放松，每个人都有自己喜欢的方式。这里推荐一些我觉得比较有用且有益的休息方式。

睡觉：如果真的很累，就好好睡一觉吧，这是最简单、最实用的方式了。

运动：保持健康的重要性就不用提了，健康的身体能让你更有精力去应对接下来的挑战，而运动时分泌的多巴胺会让大脑兴奋起来。你会发现，运动完之后，脑子更清楚了，心情也更好了。任何运动都可以，团体运动会让你跟朋友有更多的交流，单人运动能让你更专注。

读书：虽然我不反对碎片化阅读，但如果是出于休息的目的，还是读真正的书吧。找一本与当前工作无关的书，文学类的也好，实用类的也好，把工作抛到一边，读那么一两个小时，你会发现，即使没有刻意去想工作，那些工作的点子也会源源不断地冒出来。与工作不相干的书会帮助你打开视角，让你想到以前从来没想到过的事情，这是因为知识的联结性在发挥作用。

做一些不相干的事：要知道，忙并不是焦虑的原因，压力才是。换句话说，不是身体累，而是心累。那么，做一些其他的工作，把思考的重心转移，可以明显缓解这种焦虑。如果做的是自己感兴趣的事，就更好了。有朋友问我，为啥有时候白天很忙，晚上还能写文章，就是这个原因，因为忙的不是同一件事啊。

重新审视：工作遇到瓶颈的时候，是压力最大的时候。这时候，完全可以停下来，重新想想这件事是怎么开始的，到底想做成什么样，套用一个流行的词就是"不忘初心"。这种回顾和审视的效果往往出人意料地好。

综上所述，忙的时候，感到压力的时候，真的可以停下来。这世上有啥事是过不去的呢？就跟吃饱了才有力气减肥是一个道理，停下来，休整一番，才有力气继续前进啊。

四、什么样的工作才算好工作

一份工作要满足什么条件，才能称得上"好工作"呢？

对于跳槽时的选择问题，我曾建议大家根据自身的需求进行选择，可是有的朋友觉得麻烦，或者认为自己没有什么特别的需求，想知道有没有更简单的衡量标准。

坦白讲，我很少将"个人选择"这件事弄成标准程序。每个人都是独特的，生活也从来不会按照标准程序执行，所以本节的内容仅供懒惰症晚期的人参考，并不适合每个人。

说起工作选择，有个流传已久的原则：钱多、事少、离家近。我觉得这个原则总结得不错，只不过比较适合追求安稳的人群。而对许多尚在职场拼搏，或是即将进入职场，希望大展拳脚的朋友来说，在挑选工作的时候，记得斟酌以下这三条：

* 钱越多越好；

- 汇报路线越短越好；

- 掌握的资源越重要越好；

以上三条的优先级按顺序由高到低。

钱越多越好

很多文章都苦口婆心地告诉大家，年轻的时候不要太在意薪水，要以学习为主，至于收入，只要你学到了一身本事，以后自然会慢慢提升。

在这里，我要对大家说：别信那些鸡汤！

你真的觉得一份低薪的工作能让你学到什么东西吗？那都是既得利益集团为了压榨你本来就很廉价的劳动力，编出来逗你玩的！

忍受低薪，偷偷学前辈的经验？当然可以，但比起你要花费的精力来说，实在是得不偿失。如果真抱着学习的目的，不如正正经经地去学习。现在培训业这么发达，教什么的都有，很多讲师都是企业出来的（或是兼职），这样既不用看人脸色，也能扎扎实实地学到实用的工作技能，效率高多了。

所以，在有选择的情况下，我们应该优先选择收入高的工作。钱多的好处我就不多说了，只说说对我们在职场中的发展有什么影响。

首先，一份收入丰厚的工作可以让你更专注于工作。年轻的时候，往往视金钱如粪土，年纪渐长，才明白金钱可以买到的东西远远超乎我们的想象，包括年轻时曾认为不可能用钱买到的东西，所以大家才会说，能用钱解决的问题就不是问题。举几个例子好了。

爱情：贫贱夫妻百事哀是世俗的真理，当你们每天在为柴米油盐奔波劳碌、争执的时候，还有多少时间和精力重温青涩年代的美好？亲情：你每天忙着养家糊口，还有多少时间陪家人？逢年过节，送什么礼物给亲戚朋友？人的意志往往是在这些世俗琐事上被慢慢消磨掉的。俗话说，家和万事兴，不夸张地说，钱多一点，无谓的琐事就少一点。时间：快迟到的时候直接打车；在公司旁边买套房子，就不用毫无尊严地挤公交、地铁。诸如此类。当你不再被这些琐事困扰的时候，就可以把精力放到更远大的目标上，也可以集中精力将当前的工作做得更完美一些。

其次，一份工作的收入代表了工作的含金量。没有公司会养高薪低能的人，薪水高的工作必然是重要的，而重要的岗位必然是发展前景不错的。同时，重要的岗位会推动你，让你的能力、见识和眼界不断提升，竞争力也会越来越强。

再次，当前的薪水决定了未来的收入基数。跳过槽的朋友们都知道，一般涨薪是 10% 起，猎头挖人是目前薪资的 30% 起跳，好一点的 50%，甚至 100% 的也有。当你的朋友跳槽从 10000 块钱涨到 13000 块钱的时候，你认为你能在 5000 块钱的基础上跳到多少呢？再想想，这种情况持续下去的话，十年之后，你们的收入差距是多少？即便放弃职场，选择创业，论起人脉、能力、初始资金等，高收入者成功的概率也还是要大许多。

最后，收入高还能带来许多其他好处，这视各人情况而有所不同。比如可以进入更高水准的圈子，获得更多好的发展机会；可以去深造，让自己在未来有更多的选择权；甚至仅仅是买几件更好的衣服，也可以让别人见识到一个不一样的你。

总之，尽量挑一份收入高的工作，除非你是出于一个更特别的目的。

另外，为了收入改行好不好？我认为，在有选择的情况下，同行业肯定是最好的，但换行业也没什么了不起。实际上，当你在一个行业里工作几年之后，几乎不会有其他行业的工作来找你了，所以这个担心是多余的。如果真的有，我觉得也挺好，毕竟改行意味着一切从头开始，而现在有一份收入更高的工作摆在你面前，换行的机会成本从来没这么低过，除非你十分热爱当前从事的行业，否则还有啥好犹豫的呢？

汇报路线越短越好

汇报路线往往意味着你在一个组织里的重要程度。这很容易理解，大家看看组织架构图就明白了，找找看自己的位置在哪里吧。最重要的位置，都是直接跟大老板汇报的。

汇报路线越短，越接近组织核心，也会明白许多原来在基层不明白的事情，这些事情其实就是一个组织的本质，比如经营的本质、管理的本质、营销的本质等。了解了本质，就能举一反三，明白更多的事情了。

汇报路线越短，学到的东西越有含金量。我很奇怪有些人不愿意争取晋升的理由是要向老板直接汇报。要知道，你接触的人层级越高，就越有可能学到那些别人学不到的东西，比如他们看问题的角度、思考问题的方式、解决问题的方法，这些知识往往会让你在未来的职业生涯中无往不利。

所以，大家都希望升职，本质上也就是希望缩短汇报路线。

掌握的资源越重要越好

这里的资源涵盖范围非常广，人力、金钱、设备、知识（特别是手下没人的时候，只能靠脑子）等都是资源。成功虽然少不了运气的因素，但长期来看，终究还是靠资源堆积出来的。但这并不是说资源掌握得越多越好，"多"和"重要"是不同的。就算你手下有人，肚里有货，大老板还是可以随时干掉你，就是因为大老板只需要掌握一个最重要的资源就够了：钱。

那怎么分辨资源的重要性呢？有两个维度，一个是通用资源，像上面提到的钱，还有知识（当然是跟公司业务有关的）。还有一个是业务资源：一家软件公司，同级别的研发人员比行政人员重要；一所学校，老师比网管重要。不同的组织会有不同的侧重，大家可以根据具体情况分析。

资源对组织越重要，就越接近核心业务。我记得知乎上有人问过，为什么做大老板的是销售人员居多，其中一个重要原因就是销售部门在大多数公司都属于核心部门之一。你越接近核心，组织对你的依赖性就越强，这不仅能为你带来诸多好处，也能让你的职业生涯更稳定，抗风险能力更强。

掌握的资源越重要，在组织内部越有话语权。关于这一点，开会的时候大家可以观察一下，说话分量最重的那个，一定是掌握着重要资源的人。掌握了重要资源，就能很容易地影响组织，让组织按照自己的思路前进。这也是古往今来权力的游戏从来没有停止过的原因。

掌握的资源重要，也更容易出成绩。这可以从两方面看：一是参与得多，重要的资源一定是大家都抢的，这样不管谁出成绩，都有你的一份功劳；二是能做得更快、更好，比如一个精英要比两个庸才出的活好得多。

以上就是我所认为的"好工作的参考标准"：收入、汇报路线和掌握的资源。再参加面试的时候，记得问清楚这些问题。

思考片刻

谈一谈"钱多、事少、离家近"

　　收入、汇报路线和掌握资源的原则适用于进取型的朋友们，他们的特点是认为"生活是为了工作"。另外还有一些朋友，他们更偏重于生活和家庭，认为"工作是为了生活"，可以称为安逸型。这两类人没有高低对错之分，只是选择不同而已。而且，同一个人在不同时期的三观也会发生变化，许多进取型的朋友在结婚生子、年纪渐长之后，都会变成安逸型的。所以，下面我们聊聊追求安逸工作的选择标准。

　　对那些要分出很大精力照顾家庭的人、希望有充足的业余时间享受生活的人、追求工作与生活平衡的人、因为不可抗力不得不放弃事业但又需要工作的人……来说，在选择工作的时候，沿用一个流传已久的原则就可以了，那就是：钱多、事少、离家近。

　　很多人认为这是好吃懒做的标志，但其实这几个词都是中性词，具体怎么理解，要看各人的角度。其实，真的去尝试过才知道，为求得一份如此安逸的工作，要付出多少努力，至少这是我职业生涯中的追求。

钱多

这不是推崇拜金主义，而是尊重一个基本的事实：赚的钱够多，才能让你更好地照顾家庭，享受生活。

即便是追求安逸的朋友也是有需求和欲望的，而对我等凡人来说，需求和欲望是会逐步提升的。享受生活的，刚开始或许一瓶可乐就能满足，到后来，也许就爱上价比黄金的红酒了；心系家庭的，刚开始只想给家人一个温暖的小窝，后来会发现，只有别墅才能让每个人都更开心……所以，无论对谁来说，钱都是不嫌多的。

视金钱如粪土的朋友们，认真观察和接触一下身边的人就能明白了。穷游不是为了追求精神满足，而是因为穷还想旅游；租房也不是因为更灵活，而是因为付不起首付；买烂车也不是为了"代步"而已，而是因为买不起好的。如果赚的钱够多，谁还用得着找这些借口？

对追求安逸的朋友们来说，虽然不需要偏执地去追求薪资的数额，但拥有一份收入足够满足需求的工作实在是必需的。坦白讲，无论是对进取型还是安逸型的朋友来说，追求更高的收入都不是最终目的，而是为了"拥有更多的选择权"。要知道，很多时候，有了钱才有选择权，没钱只能一辈子在海边钓鱼。

事少

当前市场竞争这么激烈，大多数公司都不可能养吃闲饭的人，所以这里说的事少，是尽量去找那些工作附加值高的职位，避免去做很多"领导安排的其他工作"。

怎样才算附加值高呢？其实一开始只要能让我们专注于某个领域就够了。比如做销售的，只管签单，不用负责售后；做研发的，只管研发，不用负责跑单。即便是复合型职位，比如项目经理，也只管做好项目就行了，不用去管接洽客户和催尾款。类似这样的职位，大概就能划为"事少"的那一类（从这个角度讲，凡注明"完成领导安排的其他工作"的职位都不是那么好的职位）。

事少的工作能让我们更专注于某个领域，对自己技能的提升非常有帮助。久而久之，我们会变得越来越专业，能做的工作也会越来越有含金量，未来的发展前景就不用担心了。反之，我们就会一直徘徊在低附加值的工作中，得不到提升和重用。长此以往，收入也会停止增长，被淘汰的危险就很大了。

有人或许认为"钱多"和"事少"这两个要素是冲突的，其实不仅不冲突，还可以把它们看作一体。一份附加值高的工作，薪水自然不会低；而组织给了你很高的薪水，也不会无端让你去做杂事，不然就太浪费了。

所以，只要我们能想办法提升专业水平，达到一定的职业水准，比如成为行业大牛或某个领域的专家，成为组织内部无法被替代的人，就可以找到一份同时满足这两个条件的工作了。否则，公司看到你这个做销售的不出业绩，也别怪公司让你去负责客户售后和催尾款之类的杂活了，收入也不可能得到提高。

离家近

每个人对远近的理解不同，我觉得上下班时间单程超过半个小时就难以忍受了，但常年在大城市工作的朋友每天花一两个小时挤地铁、公交是家常便饭吧。所以，这个远近大家根据自己的实际情况把握，原则上当然是越近越好。想想每天走路上下班是一件多么惬意的事情吧。

离家近的好处主要是能够把时间和精力节省下来，去做自己喜欢做的任何事。辛苦工作一天，能够更早、更快地回到家，对提升生活品质是很有好处的。对于这一点，我想，追求安逸的朋友们应该是非常认同的，估计大家会把它排在第一优先级吧。不过，还是要把握好度。在我看来，优先级应该是"钱多 > 事少 > 离家近"。单纯为了离家近，结果找了一份烂工作，也是很痛苦的。

以上就是另一套选择工作的参考原则，建议大家先分析自己的需求，再根据需求进行选择。另外，每个人的情况都不同，这里的原则仅供参考，千万别生搬硬套哦。

五、聊聊职业倦怠

什么是职业倦怠

首先，产生职业倦怠的人都应该高兴，因为你们还有追求。

有很多人觉得自己是职业倦怠，其实只是好吃懒做而已。

两者确实有很多相似的地方，比如早上起来不想上班，到了公司不想干活，干活的时候只想赶快交差，等等。

但两者还是有一些区别的。比如，好吃懒做的人不关心公司如何，除非公司即将倒闭，而职业倦怠的人反而会关心公司的各种变动；好吃懒做的人对工作是应付心态，而职业倦怠的人还是有底线的，不会做那些没法交差的东西；好吃懒做的人拿工资那天会比较高兴，职业倦怠的人不会特别高兴；无论工作还是生活，好吃懒做的人都心态平稳，职业倦怠的人则充满焦虑。

当我们发现自己或同事有这方面的表现时，基本上可以认为这个人产生了职业倦怠。

产生职业倦怠的原因

每个人的具体情况不一样，造成职业倦怠的原因也不一样，但最终都可以简单总结为一条：一个有追求的人在当前岗位上长期无法获得成就感。

有追求才会有动力，也才会有期待和希望。如果需求得到了满足，就会产生成就感，这种成就感可以推动人们继续努力，形成良性循环。

但现实往往不尽如人意，如果这些期待和希望落空，就会打击一个人的积极性，使其丧失做事的动力。如果这种打击常常发生，长期累积的负面情绪就会转换成近乎绝望的情绪，然后就会破罐子破摔，形成职业倦怠。

如何避免职业倦怠

换岗：对个人来说，换岗是最直接、最有效的手段，无论是内部调岗还是跳槽，都可以迅速调整自己的状态，让自己有新的期待。

　　调整自己对成就感的认知：有些人可能没办法换工作，改变不了环境，那就只能改变自己了，调整一下自己获得成就感的方式是一个有用的方法。

　　一个组织，总有一些特点或资源是其他组织没有的，我们可以想办法找到这些东西，然后利用它们达成自己的目标，从而获得成就感，改善自己的职业倦怠。

　　比如，组织不能给我们想要的薪水，但或许可以给我们很多有挑战性的工作，那么我们可以将眼光放长远一些，将赚钱这个目标往后放一些，认识到这些挑战会提高我们的工作能力，这种能力会成为未来赚大钱的坚实基础。

　　又比如，我们想要做一些更有意思的工作，但组织除了稳定，什么都给不了我们。其实，这样的组织抗风险能力是很强的，我们完全可以自己给自己找事，主动尝试一些更有意思的项目。如果组织不允许，那也没关系，把它当成个人项目来做好了，反正组织很稳定，完全不必害怕失败。

　　最后，作为组织，如果不想失去一个已经产生职业倦怠的员工，那就想办法满足他的需求吧。对追求高薪的人，给他加薪；对追求升职的人，给他升职或者给他一个新的职务；对想要不断提升自己的人，给他更多有挑战性的工作。方法同样简单，也绝对有效，只不过许多组织不愿意或没有能力去做罢了。

思考片刻

跳槽前，先审视自己的需求

这里想跟大家聊一聊在跳槽过程中，面对不同 Offer（录用通知）时的选择问题，给面临这类苦恼的朋友们一个参考思路。

简单地说，对于跳槽中的犹豫，我的建议是：按照自身需求的紧迫程度进行选择。

跳过槽的朋友们都知道，跳槽这件事是很折腾的。想跳槽，究其原因是自己的某个或某些需求没得到满足。这些需求有些是紧迫的，有些没那么紧迫。紧迫的需求理所当然是要优先满足的，但我发现很多人不太会剖析自己的需求，更不用说分辨需求的紧迫性了。

那要怎么做呢？可以参考马斯洛需求层次理论。

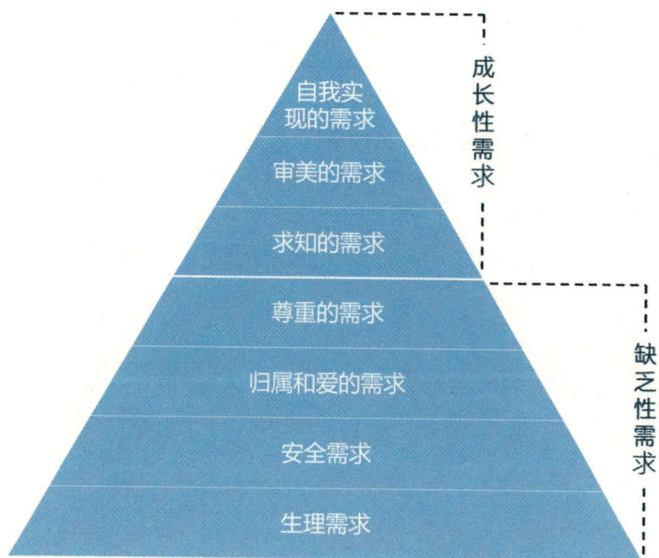

马斯洛需求层次理论

　　先说说发现自己的需求。很多人会说："就是因为做得不开心呀。"不开心的原因有很多，大部分是钱少，还有老板不好、同事不好、客户难做等，不一而足。再根据需求分析经验，凡是一张口就能说出来的需求，必然是假的，所以我们得继续往深挖掘，直到找到那个最本质的原因。这个挖掘自身需求的过程是一个不断问自己为什么的过程，也是一个让自己勇敢、坦然地面对自己内心的过程。

　　举个例子就很容易明白了。

　　钱少。养不起老婆了。

换个省钱的老婆行不行？

想，但换不了。

如果跳槽了还是钱这么少，会怎么样？

一家人饿死。

这是生理上的需求，是第一级，最紧迫。

钱少。老婆天天打我。

这是安全上的需求，是第二级。

钱少。老婆要跟人跑路。

这属于情感和归属的需求，是第三级。

钱少。老婆看不起我。

这是尊重的需求，是第四级。

钱少，少到没法让老婆成为首富夫人。

这是自我实现的需求，是第五级。

大家看，同一个跳槽的理由在不同人那里是有不同原因的。

这个原因还可以继续挖，直到面对自己的内心，大家可以试试自己究竟能挖到什么程度。顺便说一句,这其实是不错的自我心理治疗,值得没事就做做。

接下来是需求响应环节。

大家之所以纠结 Offer 的问题,无非是因为有很多原因缠在一起,分不清楚孰轻孰重而已。按照上面的方法,列个单子,把自己希望被满足的需求写下来,再和 Offer 所能提供的好处(也就是满足了哪方面的需求)做一个对比,就很容易做出选择了。

比如,你跳槽的原因有两个,第一个是缺钱(很穷的那种),第二个是不喜欢现在的工作内容。此时有两个 Offer 可以选择,A 薪水很高,但干的仍然是不喜欢的工作;B 薪水一样,却是梦寐以求的工作。从理性上讲,应该选择 A 工作,因为第一个需求是生理需求,要优先满足,B 工作满足的是自我实现的需求,这个需求其实可以等一等。从经验上来看,这样的选择也是合理的。大多数情况下,生存的压力始终比个人自尊重要,而理想最容易实现的时候,恰恰是衣食无忧的时候。

当然,这种极端的情况很少,更多的是看哪个 Offer 能满足自己最迫切的需求,或者哪个 Offer 满足的需求最多。

再举个不那么极端的例子。你跳槽的原因有两个,第一个是学不到新的东西,第二个是上司是白痴。选择有两个:A 是留任;B 是工作收入与现在差不多,公司名气比现在大很多,工作内容与现在差不多，级别甚至略低一些。该怎么选？

经过上面的练习，我们现在已经知道，渴望学习和自我成长通常属于自我实现的需求，认为上司是白痴通常是因为上司不重视自己的意见，属于尊重的需求，在这个例子里应该优先被满足。再来分析 B 工作：工作收入与现在差不多，可以忽略；公司名气可以满足自我实现的需求，但你没有这种需求；工作内容与现在差不多，同样学不到新的东西，忽略；级别甚至略低一些，破坏了安全上的需求，即工作职位的保障，减分。上司呢？短短的面试显然无法让你知道未来的上司是不是白痴，可以认为尊重的需求未被满足。综上所述，考虑到跳槽的机会成本，最理智的选择是留任，B 工作可以让它"负分滚出"。

如果不同的需求在同一个层级，手头的 Offer 都只能满足其中一个怎么办？

两个办法，一是参考自己的价值观。还有一个终极办法，是随机选择，猜硬币或是抓阄都行。先不要吐槽，生活和工作本来就有很多随机因素，而且越是高级的需求越随机，谁也不知道你到下一家公司能不能实现自我价值，大把人在经过精心选择之后，发现新工作与想象中大相径庭。所以，再多一个随机因素又有什么关系呢？

最后提醒大家，跳槽还是要慎重，年纪越大，机会成本越高。当然，遇到好的机会，也不要放过。

六、利用 SMART 原则设定工作目标

假如你的领导喜欢向前看，那明年的目标和计划可不能含糊。

咱们在前文中已经聊过很多关于目标设定的话题，也专门讲过 SMART 原则，这里就不再做普及了。熟悉 SMART 原则的朋友，就当是复习吧。如果你已经有了目标，也不妨套用 SMART 原则再做一番检视。

我们都知道，如果一个目标是无效的，人们就没有为之努力的方向和意愿。我们在日常生活中设定个人目标的时候，只要养成了目标思维，就算没有非常严格地遵循 SMART 原则，问题也不是很大。但在工作中，目标通常是公开的，为了更清楚地向上司或同事传达自己的意图，也为了更好地执行，最好还是严谨一点。

比如，"三个月内将公司现有的所有系统改造成一个平台"就是一个典型的无效目标。先不提相关性和可实现性，它至少

是不具体且无法衡量的，且在制定目标的时候，假设了目标制定人与执行人所掌握的信息是无歧义的。在执行过程中，执行人需要一直与目标制定人澄清目标，即使最终目标能够实现，也是极其低效的。

因此，无论是制定团队的工作目标还是员工的绩效目标，都最好符合 SMART 原则，这些原则会帮助我们制定出真正有效的目标，降低失败的概率。

具体的（Specific）

目标不够具体大概是最常见的问题了，为了规避责任和偷懒，没人愿意将目标写得更具体。但一个好目标必须具体，而非仅仅指定一个模糊的方向。

比如"增强服务意识"，这仅仅是一个愿景，相关人员虽然接收到了这个信息，却并不了解组织希望自己如何去做。而"每周五进行服务流程培训"或"客户咨询的反馈时间不能超过 24 小时"就是具体的目标，它最终会成就"增强服务意识"这个愿景。

可衡量的（Measurable）

目标应该尽可能量化，以便对其进行衡量，对于无法量化的目标，也应具备并指定相应的衡量标准。

如"三月份完成 100 万元销售额"就是一个量化的目标。

"××平台建成开通"则是一个无法量化的目标，究竟是将服务器搭建好，再加一个页面就可以了，还是需要 A、B、C、D 几个功能呢？如果改为"三月份完成××平台开发并通过第××号验收标准"，执行的时候就可以清楚无误地对其进行衡量了。

可实现的（Attainable）

在制定目标时，要充分考虑到目标实现的可能性，既不能原地踏步，也不能拼命拔高。这就需要参考执行人员的意见，多进行纵向及横向沟通，尽量使各方意见达成一致。假如你是高层目标的制定者，应该更重视这一点。

所谓工作目标，实际上是组织与团队成员之间的一种承诺。通过强行施压来取得承诺是没有任何意义的，因为如果在压力下的人是诚实的，那么他不会承诺任何事情，而如果被逼无路，则可能会承诺不可能完成的事情。因此，如果需要工作正常进行，缺少承诺和虚假承诺都不可行。

特别是当目标定得太高而无法实现时，执行人会产生强烈的挫败感，无论下次的目标理论上能否达到，人们都倾向于认为无法达到。而为了避免再次受挫，人们会下意识地降低努力程度，最后会形成恶性循环。

例如，一家持续亏损的公司若是设立短期业绩目标的话，"达到收支平衡"显然比"年利润达到××万元"更合理，更具可行性。

相关性（Relevant）

相关性是指当前目标是否对完成更高层的目标有帮助，这对资源有限的企业来说尤其重要。如果实现了某个伟大的目标，公司却活不下去了，又有什么意义呢？所以，工作目标的设定至少要和部门职责或岗位职责相关联。同时，这一点也会影响到后续的目标分解。

比如，一家软件公司的目标若是"今年获得高新软件企业称号"，这是没有问题的，而"今年得到 A 级物流企业称号"就明显跑偏了。

截止期限（Time-based）

一个目标如果没有明确的期限，就没办法进行衡量，也不利于将事务划分优先级。比如"销售额达到 100 万元"是没办法考核的，而"12 月 25 日前销售额达到 100 万元"是没问题的。

七、谁说一定要带着解决方案去提问题

有时候，我们会听到一种论调，就是如果一个员工发现了公司的问题，那么一定要带着解决方案去提。这种论调，有人赞同，有人反对，是一个颇有争议的问题。本节咱们就来聊聊这个话题。

首先表明我的立场，我是反对这种观点的，因为这种看法混淆了员工的职责和义务。

作为一名敬业爱岗的好员工，发现并上报问题是义务，但解决问题未必是。问题发生在谁那儿，谁就该负责解决，如果扯皮，那就让上一个层级的人来决策。

就是这么简单的一个道理，却偏偏有人找了一大堆理由，企图将解决问题的职责转嫁给那些并没有这项义务的员工，宣称你发现了问题，提出了问题，就要负责想办法解决。而这种流氓逻辑之所以有市场，是因为它迎合了两种无能管理者的需求。

第一种是解决不了问题的人。

这种管理者面对问题时彷徨无措，继而恼羞成怒，只能把怒火发泄到提出问题的员工身上，因为这个员工揭开了他的伤疤，对他来说，提出一个他解决不了的问题无疑是一种赤裸裸的羞辱。

从经验来看，在这种心态的影响下，即使有员工真的带着解决方案去找他，他也一样会拒绝，而不会去评估这个方案——即便它不成熟——是不是比没有方案要好一些。对这种管理者来说，有了方案再去找他，那更是当面打脸，是绝对不能容忍的。

王小波说，人的一切痛苦，本质上都是对自己无能的愤怒。我想这句话放在这里还是蛮合适的。

第二种是不想听到问题的人。

或许是怕事，或许是听得太多，总之对这种管理者来说，当个鸵鸟再好不过。公司里最好什么问题都不要有，即便有了问题，只要没人发现就好，如果有人发现了，最好不要提出来，而如果有人提出来，那就用"不带着解决方案提出问题的员工不是个好员工"这个理由打发他走好了，日子不就是这么混过来的嘛。

这两种管理者虽然心态不同，但对待提出问题的员工是同一种态度，即"这家伙真是刁民"。对他们来说，处理这类事务的手段也是一样的，即"我解决不了问题，就解决提出这些问题的人"。

然而，任何组织都存在问题，就算没有人提出这些问题，这些问题也不会凭空消失，它们还在那里。

一开始都是些小问题，其中一些小问题会像鞋里的小石子一样，一直让人不舒服，直到把整个组织都折磨得疲惫不堪。但自从管理者干掉了那些"不开眼的家伙"，逼走了那些真正关心组织死活的员工，就再也没有人提出过任何问题了。在一片和谐的背后，人们学会了事不关己，学会了扯皮，也都在考虑什么时候跳槽。这些小问题将慢慢演变成大问题，最终摧毁整个组织。当你回过头来看的时候，会发现组织的覆灭一开始就已经注定了，只是看能撑多久而已。

那么，对咱们这样的普通员工来说，发现了公司的问题，到底该不该提呢？我的建议是这样的：

先看看这个问题是不是自己的分内事，如果是，马上想办法解决，如果靠自己的能力解决不了，就立刻求助上司（你的上司不会希望在最后一刻才知道你搞砸了）。你在上报问题的时候，就算没有完善的解决方案，至少也要有下一步的应对计划，这并不是赞同那些无能的管理者，仅仅是因为这是你的职责。

而如果这个问题不是你的分内事，也完全可以把它当作一次检验自己解决问题能力的考试。大家都说职场很复杂，其实所谓复杂，不仅是指人际关系，同时也是指组织运作。有时候，一个问题在你看来很急迫、很严重，但或许在他人看来，根本不是问题。有时候，一个问题涉及的人和事太多，甚至连问题本身我们都看不清楚，更不要说答案了。

无论如何，问题引发了思考，在思考的过程中，我们有机会更加了解一个组织是如何运作的，一个问题是如何凸显出来的。假如我们是管理者，又该怎么去解决问题？这种思考对我们自身来说是极为有用的，未来不管是升职还是创业，都需要这方面的知识和经验。

等你思考过后，无论有没有解决问题的办法，都面临一个选择：究竟要不要跟领导提出这个问题呢？说实话，这个问题没有固定答案，完全看你所处的环境。我的经验是，如果你觉得自己待的是一家好公司，上司开明友善，同事精明强干，那么不妨去跟人讨论，看看其他人是怎么看待这个问题的。他们是不是已经有了答案？你的答案是不是最优的？这种讨论会让你学到更多东西。

但是，如果你在一家烂公司，如果你的上司就是上面我提到的那种管理者，那还是闭嘴的好（离职的时候也别提）。你可以说这是犬儒主义，也可以说这是明哲保身，当然你也可以不听我的劝告，我只是不想你这个愣头青被人骂成猪头而已。

八、职业生涯，稳定和发展只能二选一

"你对自己的职业发展有什么期许？"

这个问题大家都不陌生，特别是在面试的时候，常常被面试官问起。通常这时候，你会扯一堆有的没的，里面往往有一个关键词，叫"稳步发展"或"稳定发展"。这么说，大概是为了表明自己既不会乱跳槽，同时也是个追求进步的有为青年吧。

面试的时候怎么说倒无所谓，反正很多都是套话，大家随便说说、随便听听也就罢了，不过我接触过不少人，心里压根就是这么想的，我觉得这可就值得商榷了。

我无意评判"稳定"和"发展"究竟哪个更好，哪个是你"应该"追求的。我只想说明一点，就是在绝大部分情况下，这两者是无法兼得的，你只能选择其中一个。

我们希望既稳定又能发展，通常是预设了一种理想状况，即企业和我们都在长久的未来中顺风顺水，越来越好。企业一直待在蓝海里，效益不错，老板又大方，对员工也不错，所以我们的工作既不那么无聊，也没什么压力，一直以来都在做自己熟悉的事情，偶尔有些小小的挑战，每天都能超越昨天的自己，而且每年加薪，隔年升职……算了，我编不下去了……

大家想想，这会是大概率事件吗？

什么是稳定？

对任何一个组织来说，在经过创立初期的不稳定后，都会逐步趋于稳定，但这种稳定往往意味着不再有变化，最终变得僵化。对个人而言，是工作内容的固化、个人能力增长的停滞以及收入的相对降低。

当然，这并不是说稳定不好。人们有权根据自己的情况追求稳定，比如想静下心来搞个人第二产业，那就不妨找个"稳定"的工作；比如为了照顾家庭和亲人，人们会牺牲自己的职业发展；比如不用养家或内心无欲无求的，或者就是喜欢当前工作的人，也会让自己稳定下来。

有时候，你会觉得自己在能力或收入方面有所进步，但别忘了，那只不过是因为整个社会都在进步，你只是没掉队而已。

那么，什么是发展？

一个组织陷入僵化之后，会面临生存的威胁，无论这种威胁来自外部的竞争还是内部的压抑。这个时候，为了生存，就必须寻求变化，无论最终是变得更好还是变得更差，本质上都是为了"谋求自身的发展"。

对个人而言，也是一样。假如你不希望在公司倒闭之后找不到新工作，不希望比起十年前的自己增加的只是年龄，不希望自己的收入是排倒数的那一群，就必须寻求改变，不管这种改变是申请升职、转岗还是跳槽，也都是为了"谋求自身的发展"。而这些选择，必然会让我们面临新的环境和新的挑战，也必然是不稳定的。

所以，追求发展当然听起来很好，但这就意味着不那么稳定了，而这种选择会带来压力、不确定性以及与个人生活相关的各种问题。

你看，在大部分情况下，我们甚至可以说，"稳定"和"发展"是互斥的。

实际上，无论是企业还是个人，现在都面临着比以往更激烈的竞争环境。大多数企业和个人都不得不放弃稳定，追求发展，而企业和雇员的关系也逐渐从以前的"相爱相杀"变成了合作竞争。这有点像赛跑：企业跑得快，雇员跟不上企业的步伐，就会被炒；雇员跑得快，企业限制了雇员的发展，雇员就会跳槽。因此，"稳定"这种状态，从长远来看，对大部分组织和个人来说实际上是不存在的。

　　所以，就我们个人而言，在面临职业选择的时候，或者界定职业规划的时候，比较现实的做法是，放弃不切实际的幻想，在稳定和发展中选择一个，再根据自己的适应程度考虑更长远的未来。

图书在版编目（CIP）数据

梳理：从混乱到有序，人生提效50% / 董泉著. —长沙：湖南文艺出版社，2017.4
ISBN 978-7-5404-8013-4

Ⅰ.①梳… Ⅱ.①董… Ⅲ.①工作—效率—通俗读物 Ⅳ.①C935-49

中国版本图书馆CIP数据核字（2017）第053990号

© 中南博集天卷文化传媒有限公司。本书版权受法律保护。未经权利人许可，任何人不得以任何方式使用本书包括正文、插图、封面、版式等任何部分内容，违者将受到法律制裁。

上架建议：成功·励志

SHULI：CONG HUNLUAN DAO YOUXU，RENSHENG TIXIAO 50%
梳理：从混乱到有序，人生提效50%

作　　者：董　泉
出 版 人：曾赛丰
责任编辑：薛　健　刘诗哲
监　　制：于向勇　秦　青
选题策划：蓝色城
策划编辑：康晓硕
文案编辑：郑　荃
营销编辑：刘晓晨　罗　昕　刘文昕
封面设计：胡椒设计
内文排版：麦莫瑞
出版发行：湖南文艺出版社
　　　　　（长沙市雨花区东二环一段508号　邮编：410014）
网　　址：www.hnwy.net
印　　刷：三河市鑫金马印装有限公司
经　　销：新华书店
开　　本：700mm×995mm　1/16
字　　数：145千字
印　　张：16
版　　次：2017年4月第1版
印　　次：2017年4月第1次印刷
书　　号：ISBN 978-7-5404-8013-4
定　　价：39.80元

质量监督电话：010-59096394
团购电话：010-59320018